Helmut Gollwitzer
Pinchas Lapide
Ein Flüchtlingskind

" So kommt denn und
laßt uns miteinander
reden!"
(Jes 1,18)

Weihnachten 1988

Helmut Gollwitzer
Pinchas Lapide

Ein Flüchtlingskind

Auslegungen zu Lukas 2

Chr. Kaiser

CIP-Titelaufnahme der Deutschen Bibliothek

Gollwitzer, Helmut:
Ein Flüchtlingskind : Auslegungen zu Lukas 2 / Helmut Gollwitzer ; Pinchas Lapide. – 3. Aufl. – München : Kaiser, 1988
(Kaiser-Taschenbücher ; 40)

ISSN 0931-7732
ISBN 3-459-01770-8
NE: Lapide, Pinchas:; GT

Umschlag: Ingeborg Geith, München, unter Verwendung des Motives »Flucht nach Ägypten« Miniatur aus einem Lektionar, Kloster Donysiou, Athos, Abb. 58, in: Eller/Wolf, Mosaiken/Fresken/Miniaturen. Das Kultbild der Ostkirche, München 1967.

Satz: Buch- und Offsetdruckerei Wagner GmbH, Nördlingen
Druck u. Bindung: Clausen & Bosse, Leck

Inhalt

Vorwort

Die Arbeitsgruppe Juden und Christen beim Deutschen Evangelischen Kirchentag hält die Bibelarbeiten, mit denen jeder Tag eines Kirchentages beginnt, seit einiger Zeit in der Weise ab, daß jeweils ein Christ und ein Jude ein Gespräch über den für diesen Tag von der Kirchentagsleitung ausgewählten Text führen. Für den 19. Deutschen Evangelischen Kirchentag, der vom 17.-21. Juni 1981 in Hamburg stattfand, waren wir beide mit einem Dialog über die Weihnachtsgeschichte des Lukasevangeliums (Lk 2,1-14) beauftragt worden. Zur Vorbereitung dafür haben wir uns mündlich und schriftlich ausführlich ausgetauscht. Zu einem Dialog aber, wie wir ihn geplant hatten, ist es nicht in wünschenswertem Maße gekommen. Wir hatten zuwenig damit gerechnet, daß wir diesmal nicht, wie bei einer früheren Dialog-Bibelarbeit über das Hohelied beim Berliner Kirchentag 1977, drei Stunden Zeit hatten, sondern nur knapp eineinhalb Stunden. So konnte Pinchas Lapide seine Ausarbeitung nicht einmal vollständig vortragen, danach wurde unser Dialog abgebrochen, bevor er noch richtig begonnen hatte.

Für die Veröffentlichung haben wir uns deshalb entschlossen, zuerst den Dialog zu bringen, wie wir ihn faktisch haben halten können, vor allem wegen der hier nun ungekürzt wiedergegebenen Ausarbeitung von Lapide und wegen der Dokumentation dessen, was die Hörer dann noch als Bruchstück unseres Dialogs zur Kenntnis nehmen konnten. Anschließend bringen wir Vorüberlegungen von Gollwitzer, die Lapide einige Zeit vorher zugeschickt worden waren, in etwas überarbeiteter Form, und ein nach dem Kirchentag dazu geschriebenes Votum von Lapide.

Wir versprechen uns von dieser etwas ungewöhnlichen Art

der Veröffentlichung, daß dadurch anschaulich wird, wie es zugeht, wenn ein Christ und ein Jude nicht nur je in ihrem Kreise über den bekanntesten Text der christlichen Glaubenstradition ihre Gedanken vortragen, sondern wenn sie durch die Dialog-Situation gezwungen sind, sich diesen altbekannten Text neu begegnen zu lassen, dabei die jeweiligen Aussagen und Fragen des anderen mitzuhören, sich ihnen zu stellen und einen Weg gegenseitigen Verstehens zu suchen. Natürlich konnte auch dies angesichts des begrenzten Raumes nur andeutend geschehen. Wir hoffen aber, daß auch die Leser in dieses Miteinanderlesen und in dieses gegenseitige Sich-Befragen hineingezogen werden und damit neu aufmerksam sowohl für diesen Text wie auch für unser heutiges christlich-jüdisches Gespräch werden.

Helmut Gollwitzer
Pinchas Lapide — Im August 1981

PINCHAS LAPIDE

Das Flüchtlingskind
(Lukas 2,1-14)

Gollwitzer:

Also nicht nur zur Weihnachtszeit soll uns dieser Text beschäftigen, diese Geschichte, die uns allen in die Kindheit hineingeleuchtet hat, der wohl bekannteste Text der ganzen Bibel, mit vielen Gefühlen und Erinnerungen bei uns allen verbunden. Mindestens in unserer Arbeitsgruppe ist der Hinweis angebracht: Das ist eine ganz jüdische Geschichte. Die Menschen, die darin vorkommen, sind lauter Juden. Und die zwei Nichtjuden, die vorkommen, Augustus und Quirinius, kommen nur vor, weil sie in der jüdischen Geschichte vorkommen. Und der Mensch, um dessen Geburt es sich handelt, ist der bekannteste Jude; ein bedeutender jüdischer Schriftsteller, Josef Klausner, der über Jesus geschrieben hat, sagt sogar, er sei der jüdischste Jude gewesen. Wir lesen diesen Text als Menschen des 20. Jahrhunderts auf zweierlei Weise: Die Christenheit hat diesen Text immer auf den Knien gelesen, anbetend, als herrlichste Erzählung der Ankunft Gottes in der Welt. Wir heutigen Wissenschaftler lesen ihn historisch, also mit der Frage: was ist an einer solchen Erzählung historisch wahrscheinlich und was unwahrscheinlich? Wir lesen ihn also in einer Distanz. Wir haben Erfahrung in zweihundert Jahren historisch-kritischer Bibelauslegung, daß die Bibel das aushält, daß sie nicht ärmer, sondern leuchtender wird, wenn man sie auch mit den Mitteln der modernen Wissenschaft liest. Unser Freund Pinchas Lapide nimmt an dieser Geschichte teil, sofern es eine jüdische Geschichte ist. Und er liest die Geschichte als Jude. Er liest sie auch in einer gewissen Distanz, weil er das Christusbekenntnis, von dem diese Geschichte durchzogen ist, nicht mitsprechen kann. In welchem Sinn wir dann nah beieinander und verschieden und getrennt sind, wird sich bei unserem Gespräch dann zeigen.

Lapide:

Ich will versuchen, diese berühmte Geburtsgeschichte einmal gegen den griechischen Strich zu bürsten, um die sentimentale Überzuckerung abzuschälen, und zurück auf ihren hebräischen Mutterboden zu gelangen.
Schließlich und endlich geht es hier ja um eine jüdische Geschichte, die sich im Herzland Israels begeben hat – im »jüdischen Land« wie Luther mit Recht betont – mit allen Hauptrollen so fest in jüdischer Hand, daß sogar die Engel holperiges Griechisch sprechen, hinter dem sich perfektes Bibelhebräisch verbirgt.
Echt Griechisch ist hier vor allem die Einleitung, die Lukas nahtlos in den Lauf der Weltgeschichte einfügen will – offensichtlich um den Verdacht zu entkräften, es handle sich bloß um eine fromme Legende, oder gar um einen heidnischen Mythos.
Lukas hat Recht, denn in den griechischen Göttersagen seiner Heimat wimmelt es ja förmlich von übermenschlichen Heilandsgestalten, deren jungfräuliche Geburt unter Hirten und Engeln vom Stapel läuft, und die allesamt der Welt »große Freude« und »ewigen Frieden« verkündigen – noch dazu in einem »euangelion«, ein Wort, das zur amtlichen Terminologie des römischen Kaiserhofes gehört.
So beginnt also unsere pastorale Symphonie von Hirten, Herden und Futterkrippe mit einer historischen Ouvertüre, die ihr den Klang der großen Welt verleiht.
Wenn der Evangelist aber präzis-anmutende Geschichtsaussagen zum Auftakt seines zweiten Kapitels verwendet, so muß er sich auch eine historische Überprüfung gefallen lassen. Und da fängt die Verlegenheit bereits mit dem

Zeitpunkt der Geburt Jesu an: Laut Matthäus kam er zur Zeit des Großen Herodes zur Welt, also: spätestens vier Jahre vor der christlichen Zeitrechnung. Was sich aber »in jenen Tagen begab, als ein Erlaß des Kaisers erging«, wie es bei Lukas heißt, kann im besten Fall erst zehn Jahre später geschehen sein, ein beträchtlicher Unterschied, der, gelinde gesagt, stutzig macht.

Ob eine Volkszählung unter Quirinius überhaupt stattgefunden hat, wie in der Folge berichtet wird, wurde von den meisten Historikern lange bestritten, bis man sich schließlich geeinigt hat, daß sie entweder im Jahre 7 vor oder 6 nach Christi Geburt durchgeführt worden sei. Eine Notlösung zur Ehrenrettung des Lukas, bei der jedoch die Chronologie in allen Fugen ächzt.

Schwieriger ist es, die aus Steuergründen unternommene Reise Josephs nach Bethlehem mit dem römischen Recht in Einklang zu bringen, demgemäß jedermann damals zum Bürger einer Ortschaft wurde, in der er zwölf Monate seßhaft gewesen war.

Joseph und Maria hätten also längst als seßhafte Nazarener gelten müssen, ehe jener Erlaß des Kaisers ergangen war. Dies bestätigt Lukas auch selbst ganz unverhohlen, wenn er noch im selben Kapitel erzählt: »Joseph und Maria kehrten in *ihre* Stadt Nazareth zurück« (2,39).

Bekanntlich waren die Behörden keineswegs an einer unruhestiftenden Massenwanderung ihrer Untertanen interessiert, umsomehr als die Römer viel zu tüchtige Verwalter waren, um den Zensus so umständlich zu gestalten, wie Lukas ihn beschreibt:

»Alle gingen hin, sich aufschreiben zu lassen, ein jeder in seine Stadt. Es zog aber auch Joseph von Galiläa aus der Stadt Nazareth hinauf nach Judäa in die Stadt Davids, die Bethlehem heißt, weil er aus dem Hause und Geschlechte Davids war . . .« (Lk 2,3-4).

Man bedenke: Das Judenland war damals besetzt; Maßnahmen des Besetzers waren verhaßt und Sabotage galt weithin als heilige Pflicht. Wie willkommen wäre unter solchen Umständen eine römische Volkszählung gewesen, bei der »alle« auf Reisen geschickt wurden. Mit Bürgermeister, Bäcker, Schmied, Schreiner und Zimmermann unterwegs und dem gleichzeitigen Zustrom Fremder in alle Städte des Landes, wäre die Überschaubarkeit des öffentlichen Lebens über Nacht zu einem Chaos entartet, über das sich die meisten gefreut hätten, nur um die Unordnung womöglich noch größer und kostspieliger zu machen. Wäre in solch einem Durcheinander eine »Aufschreibung« überhaupt durchführbar gewesen? Will man behaupten, daß die Römer das alles nicht wußten? Oder daß sie all dies wissentlich riskiert hätten, nur um pedantisch festzustellen, wie viele Juden es gab?

Andererseits, wenn der Text des Lukas besagen soll, daß sich »alle« Juden in die Stadt ihres (etwaigen oder vermeintlichen) Stammvaters begeben mußten, so wäre das für den Großteil der jüdischen Bevölkerung ein unlösbares Rätsel gewesen. Wer wußte noch, wo vor ungefähr tausend Jahren sein »Stammvater« ursprünglich beheimatet war? Und wer war als solcher zu erachten? Der Gründer einer Sippschaft aus den Tagen des Königs David? Oder der noch frühere Urahn zur Zeit der Landverteilung unter Josua? Was konnte den Römern daran liegen, wo jeder Jude sich seine Vorfahren aus irgend einem Jahrhundert ansässig dachte? Und welche Bedeutung konnte solch eine unnachprüfbare Abstammung für die kaiserliche Volkszählung haben?

Fragen über Fragen, auf die es bis heute keine einhelligen Antworten gibt.

Wenn aber Joseph dennoch Liegenschaften im fernen Bethlehem besaß, die er eintragen lassen mußte; wie verträgt sich das mit der Aussage, daß der begüterte Grundbesitzer aus Galiläa keine Herberge in Bethlehem finden konnte (Lk 2,7)? Denn von Platzmangel wegen Andrangs auswärtiger Gäste oder dergleichen fällt ja kein Wort im Evangelium.

Zu einer dritten Verlegenheit führt die Frage, warum

Joseph seine hochschwangere »Verlobte« (Lk 2,5) auf solch eine beschwerliche Reise bemüht; denn eine durch den Zensus bedingte Notwendigkeit dafür gibt es beim besten Willen nicht.
Wenn aber der Zensus als Reisemotiv ausscheidet, wie es der historische Tatbestand eindeutig empfiehlt, so müssen wir wohl annehmen, daß man solch eine riskante, mehrtägige Durchquerung von Galiläa, Samarien und Judäa nur unter zwingenden Umständen, wie etwa Lebensgefahr, unternahm. Dann aber ist es keine Reise mehr, sondern eine Flucht. Gerade von solch einer Flucht lesen wir in Mt 2 – kurz nach der Geburt Jesu.
Hatte sie vielleicht schon vor seiner Geburt begonnen? Dem widerspricht Lukas ganz entschieden, indem er keine Gelegenheit versäumt, um den braven Zivilgehorsam der Eltern Jesu sowie Jesu selbst, und später auch seiner Apostel, gegenüber dem Römerregime hervorzuheben. Aber diese nachdrückliche Betonung einer beispielhaften Loyalität – aus der Feder eines römischen Bürgers namens Lukas – stimmt uns nachdenklich: Sollte sie etwa gegenteilige Gerüchte zum Schweigen bringen? Doch wovor sollte Joseph mit seiner Maria fliehen?
Zwei Gründe bieten sich hier auf Anhieb an:
Naheliegend ist die Antwort, daß zu jener Zeit in der Nähe von Nazareth ein Aufstand tobte, der sich bald auf einen großen Teil von Galiläa auszubreiten begann (Ant. 17,271 f).
In einer zeitgenössischen jüdischen Quelle lesen wir:

»Er rief seine Landsleute zum Abfall auf und machte ihnen Vorwürfe, weil sie den Römern geduldig Tribut zahlten und nächst Gott sich noch sterbliche Menschen als Herrscher gefallen ließen« (Bell II, 8, 1).

So hieß es von Judas Galiläus, der gerade »in jenen Tagen« im Namen Gottes zum anti-römischen Widerstand aufrief. Schon oft erregte dieser Judas Unruhen – wie sein Vater Ezekia vor ihm. Als diese »erste Einschreibung« angeordnet wurde, entfachte er einen Befreiungskrieg, der nach

dem Tode des Herodes im Jahre 4 v. Chr. weitreichende Erfolge erzielen konnte.
Josephus Flavius berichtet, er habe »eine große Volksmenge« für sich gewonnen, die der römischen Einschreibung leidenschaftlichen Widerstand zu leisten wußte. Nachdem die Aufrührer sich der Stadt Sepphoris bemächtigen konnten, wurde Judas von vielen seiner Landsleute als der verheißene Messias verehrt – bis der römische General Varus mit zwei Legionen aus Syrien kam, die Stadt verbrannte, die Anhänger des Judas kreuzigen ließ und die überlebenden Einwohner als Sklaven verkaufte.
Kein Wunder, daß Kaiser Claudius Galiläa als »den Fieberherd« im jüdischen Volkskörper bezeichnete.
Wer die fünf gelassenen Zeilen liest, die Lukas dieser ersten Steuerveranlagung widmet, die nicht die letzte sein sollte, wird sich schwer tun, zu begreifen, wie solch eine ganz ordnungsgemäße Fiskal-Maßnahme damals zur Gründung der Zelotenbewegung führen konnte. Eine Bewegung, deren Drang nach Freiheit sogar drei römische Legionen nicht ganz zu bändigen vermochten.
Wenn Luther diesen Zensus mit »Schätzung« übersetzt, kommt er der Wahrheit näher. Denn nicht um demographische Neugierde ging es den Römern, sondern um den vollen Herrschaftsanspruch, mit dem der Kaiser hiermit seine habgierige Hand auf ganz Israel gelegt hatte. Doch auch Lukas weiß um den engen Zusammenhang zwischen dem Zensus und der Empörung, die diese Zwangsmaßnahme der Besatzungsmacht im Volke auslösen mußte. Im 5. Kapitel seiner Apostelgeschichte berichtet er ganz unbefangen über den Aufstand dieses Judas, der, wie es heißt, »in den Tagen der Schätzung« aufloderte (Apg 5,37) – und zwar aus zwei triftigen Gründen:
Vor allem war eine Volkszählung in der Bibel ausdrücklich verboten; als »Teufelswerk«, wie es im 1. Buch der Chronik heißt: »Und der Satan stellte sich gegen Israel und reizte David, daß er Israel zählen ließe . . . das aber mißfiel Gott sehr, und er schlug Israel . . . mit einer Pest . . ., so

daß 70 000 Menschen aus Israel fielen« (1 Chr 21,1-14).

Einige Seiten später lesen wir:

»Joab, der Sohn der Zeruia, hatte angefangen, das Volk zu zählen, aber er vollendete es nicht, denn deswegen kam der Zorn Gottes über Israel« (1 Chr 27,24).

Zu diesem theologischen Verbot gesellte sich der römische Imperialismus, der in der wörtlich gemeinten »Eintreibung« dieser Kaisersteuer zum Ausdruck kam – einer Steuer, die Lukas mit Recht als »Tribut« bezeichnet, mit all dem okkupationsträchtigen Klang, den dieses Wort für jüdische Ohren haben mußte.

Das alles übergeht Lukas mit souveräner Unbekümmertheit, wenn er uns mit lakonischer Kürze berichtet:

»In jenen Tagen ging ein Befehl aus vom Kaiser Augustus, daß vom ganzen Erdkreis eine Aufzeichnung gemacht werde. Diese Aufzeichnung war die erste und geschah durch Quirinius, den Statthalter von Syrien« (Lk 2,1-2).

Diese Feststellung darf nicht so aufgefaßt werden, als hätte eine derartige Praxis noch nirgends bestanden, sondern vielmehr in dem Sinn, daß der Kaiser verordnete, sie sollte überall dort, wo sie noch nicht bestand, durchgeführt werden. So z. B. im Gebiet des Quirinius (oder: Cyrenius), wo bis dahin die Juden, besser gesagt: die Ältesten einer jeden Stadt oder eines Dorfes ihre Eigentumsangelegenheiten selbst, meist auf mündlicher Grundlage, geregelt hatten. Da diese Ältesten jedoch fast ausnahmslos zu den Gegnern der Römer zählten, denen sie ihren Grundbesitz und Vermögensunterlagen nur widerwillig und teilweise zur Verfügung stellten, wollten die kaiserlichen Behörden von nun an »römischer« verfahren, um die Steuerregelung, samt Veranlagung des Katasters und der amtlichen Schätzung aller Vermögenswerte mit radikaler Gründlichkeit durchzuführen.

Um uns Heutigen eine blasse Ahnung von den brutalen Eintreibungsmethoden zu vermitteln, mit der die Pax-

Romana sich ihre Blutgelder zu verschaffen wußte, hören wir die Beschreibung des Römers Lactantius, der weniger zurückhaltend ist, über das Verhalten seiner Landsleute:

»Die Steuerbeamten erschienen allerorts und brachten alles in Aufruhr. Die Äcker wurden Scholle für Scholle vermessen; jeder Weinstock und Obstbaum wurde gezählt, jedes Stück Vieh registriert, die Kopfzahl der Menschen wurde notiert. In den Städten wurde die Bevölkerung zusammengetrieben, alle Marktplätze waren verstopft von herdenweise aufmarschierenden Familien. Überall hörte man das Schreien derer, die mit Folter und Stockschlägen verhört wurden; man spielte Söhne gegen Väter aus, die Frauen gegen ihre Ehemänner. Wenn alles vergeblich durchprobiert war, folterte man die Steuerpflichtigen, bis sie gegen sich selbst aussagten. Und wenn der Schmerz gesiegt hatte, schrieb man steuerpflichtigen Besitz auf, der gar nicht existierte. Es gab keine Rücksichtnahme auf Alter und Gesundheitszustand« (De Mortibus Persecutorum 23,1 ff).

So also müssen wir uns jene »Stille Nacht, heilige Nacht« vorstellen, in der Jesus als Sohn der Maria das Licht der Welt erblickte.
Ein düsteres Licht, und eine schreckliche Welt war es – voll Panik, Terror und Angst – zur Zeit jener ersten Steuererpressung, die im jüdischen Schrifttum jener Tage kurzum »die Aussaugung des Landes« genannt wird.
»Ist es uns erlaubt, dem Kaiser Steuer zu zahlen?« So lautete die harte Gewissensfrage, der sich damals jeder gläubige Jude stellen mußte, lange bevor Jesus mit ihr öffentlich in Jerusalem konfrontiert werden sollte.
Welche Antwort viele zehntausende darauf gaben, ergeht aus der Tatsache, daß von den 61 Kriegen, Aufständen und Volkserhebungen, die die Juden in dreihundert Jahren gegen das Heidenjoch entfachten, 60 von Galiläa ausgingen, der Heimat Jesu, seiner Eltern und seiner Jünger, und alle begannen ausnahmslos mit einer organisierten Steuerverweigerung (vgl. Bell II,16, 5).
Auf die Spur eines möglichen Zusammenhanges zwischen Steuerverweigerung und Flucht hilft uns Helmut Gollwitzer. In seiner Einleitung zum Lukasevangelium schreibt er mit Recht:

»Die Steuerforderung des Kaisers war der entscheidende Antrieb für die Aufstandsbewegung der Zeloten; aktiver jüdischer Revolutionäre, die sich dem Steuerdruck durch Flucht in die Berge entzogen hatten und von dort aus in Banden die Römer ... überfielen und ausraubten« (Die Freude Gottes, Gelnhausen/Freiburg 1979[9], 27).

Solche Guerillakämpfer, die die Befreiung Israels zum Inhalt ihres Lebens gemacht hatten, wurden durchweg von den Römern als »Räuber«, als »kriminelle Vereinigung« verleumdet. Die Strafe für diese Eiferer, wenn die Legionäre ihrer habhaft wurden, war das Kreuz – was besagt, daß man sie keineswegs als Straßenräuber behandelte, wie ihr Rufmord andeutet, sondern als politische Verbrecher. Ein solcher »Räuber« war Barabbas; zwischen zwei solchen »Räubern« wurde Jesus gekreuzigt; und wegen der Zugehörigkeit zu diesen aufständischen Patrioten wurde Jesus später angeklagt und als Rebell hingerichtet.
Wenn also Joseph »seine Stadt« Nazareth verließ, nicht um Steuer zu zahlen, wie Lukas es will, sondern um sich dem Steuerdruck durch Flucht zu entziehen; und wenn die Tributverweigerung als das markanteste Symbol der politischen Auflehnung in Israel galt, wäre es da nicht denkbar, daß auch Joseph diesen Patrioten nahestand? Wenn wir uns erinnern, daß der sprichwörtliche Unterschlupf dieser Partisanen in entlegenen Höhlen zu finden war, so fällt uns auf, daß es zur Krippe in Lk 2,7 eigentlich nur eine einzige Text-Variante gibt, die jedoch in der Traditionsgeschichte mit Hartnäckigkeit stets von neuem auftaucht: In fünf frühen, von einander unabhängigen Handschriften ist die Rede von einer »unterirdischen Höhle«, von einer Höhle, »in die kein Tageslicht gelangen kann«, und von einer »abgelegenen Höhle«, die als Versteck diente. Immer wieder heißt es: Eine Höhle sei Jesu Geburtsort gewesen, ohne daß eine Krippe erwähnt wird (Epiphanius: vgl. Apparat bei Nestle-Aland, Novum Testamentum Graece, Stuttgart 1979, zu Lk 2,7; Justin, Dialog 78,5; Proteva Jac 18-22; PsMt 13; Origenes, Contra Celsum I,51).
Doch auch die restlichen Handschriften des Evangeliums,

die von der Krippe sprechen, wissen nichts von einem Stall. »Wo eine Krippe ist, da ist auch ein Stall«, so folgerte die spätere Volksüberlieferung, die dann noch zur Sicherheit »den Ochsen und das Eselein« hinzuphantasierte.
Hier muß ich jedoch im Namen des christlich-jüdischen Dialogs Einspruch erheben, denn die beiden Tiere sind aus Jesaia entliehen und in die Geburtsszene hineingeschmuggelt worden – im Fahrwasser des frühkirchlichen Antijudaismus. Bei Jesaia heißt es nämlich: »Ein Ochse kennt seinen Herrn, und ein Esel die Krippe seines Besitzers; aber Israel kennt's nicht; und mein Volk versteht es nicht« (Jes 1,3).
Diese Rüge des Propheten wurde aus ihrem Kontext herausgerissen und von den Kirchenvätern in eine zoologische Huldigung des neugeborenen Jesus umfunktioniert, nur um Israels angebliche Verstocktheit mittels der beiden Vierfüßler anschaulich anzuprangern.

Doch zurück zu Joseph.
Um dem Rätsel seiner Motivation auf den Leib zu rücken, müssen wir die nun folgende Hirtengeschichte näher unter die Lupe nehmen. Sie beginnt mit einer Engelserscheinung, genau wie die Erzählungen vom Aufruf an zahlreiche Propheten und Gottes-Männer im biblischen Israel. So z. B. David (Ps 78,70) und Amos (7,14 f), die ebenso von den Schafherden wegberufen wurden.
Auffallend ist jedoch, daß die himmlische Erscheinung hier von keinem göttlichen Auftrag begleitet wird. Ungleich den Visionen, die Abraham, Isaak, Jakob, Moses und David zuteil wurden, wo die Offenbarung immer mit einer Sendung, einem Ruf zu einem neuen Weg verbunden wird, ist hier von keiner Sendung die Rede. Lukas sagt uns nur: Sie fanden das Kind, erzählten davon, lobten Gott und kehrten zur Arbeit zurück – ein etwas »dürftiger Schluß«, wie etliche christliche Exegeten finden.
Was die drei Zeichen betrifft, die den Hirten zur Auffindung des Kindes verhelfen sollen, so ist das erste Zeichen

zweideutig, das zweite unklar, und das dritte so gut wie nutzlos:
»Die Stadt Davids« (Lk 2,11) müßte vor allem Jerusalem bezeichnen, wie die Hauptstadt Israels über zwei Dutzend Male in der Hebräischen Bibel Jesu genannt wird. An Bethlehem als Vaterstadt Davids hätten die schlichten Hirten mitnichten gedacht.
Die zweite Ortsangabe: »in einer Krippe liegend«, wäre wohl kaum verstanden worden, es sei denn, es handle sich um eine Krippe innerhalb ihres Weidebereiches.
Das wichtigste Zeichen aber ist, daß das Kind »in Windeln eingewickelt war« (Lk 2,12), was sicherlich damals für jeden Säugling in ganz Israel gelten konnte.
Sinnvoll wird dieses letzte Zeichen aber nur dann, wenn es keine Eltern in der Nähe gibt – eine Wahrscheinlichkeit, die auch das Engelwort nahelegt, da es nichts von Joseph noch von Maria besagt, sondern lediglich von »einem Kind« spricht. Daß es sich wohl kaum um eine x-beliebige Krippe handeln konnte, bezeugt der übernächste Vers ganz klipp und klar: »Sie kamen eilends hin und fanden das Kind, das in *der* Krippe lag« (Lk 2,16). Es scheint also ein direkter Weg von den Hirten zu einer bestimmten Krippe zu führen, ohne daß sie lange zu suchen brauchten.
Das nächstliegende ist dann wohl, daß es sich um ihre eigene Futterkrippe handelt, in die das Kind behutsam von liebevollen Händen gelegt worden war.
Reimt man sich diese spärlichen Hinweise zusammen, um hinter die Ungereimtheiten unseres Textes zu gelangen, so profiliert sich eine einleuchtende Erklärung der Krippengeschichte:
Der Engel erschien den Hirten in der ursprünglichen, vorlukanischen Fassung, um sie zu beauftragen, sich eines Findelkindes anzunehmen, das von seinen Eltern notgedrungen ausgesetzt worden war. Notgedrungen, aber zielbewußt und fürsorglich, um das Neugeborene vor allem Unheil zu bewahren und in verläßliche Hände zu überantworten.

Dasselbe geschah ja auch mit dem Säugling Moses, der von Geburt an als »Erlöser« seines Volkes galt, derselbe Befreier Israels, mit dem Jesus in den Evangelien nicht weniger als siebzehnmal verglichen wird.
Ob Martin Luther etwas von den notdrüftigen Umständen der Geburt jenes Flüchtlingskindes erahnt hat? Es mag wohl eine Eingebung gewesen sein, die ihn auf die Frage, woher Maria die Windeln gehabt habe, antworten ließ: Sie habe ihr Kind in Josephs Hosen (oder: Unterhosen?) eingewickelt.
Ob diese Notlage etwas mit Josephs politischer Einstellung zu tun hatte; ob auch er, wie später sein erstgeborener Sohn, die Kaisersteuer nicht zahlen wollte, das werden wir wohl nie mit Sicherheit erkunden.
Ins Auge sticht jedenfalls die Frage, die die Steuereintreiber dreißig Jahre später dem Petrus stellen: »Zahlt denn euer Meister die Steuer *nicht*?« (Mt 17,24) – ein Wortlaut, der zumindestens ein Gerücht voraussetzt, demgemäß Jesus die Steuer nicht zahlen will. Eine Annahme, die Jesus selbst auch in den darauffolgenden Versen unverhohlen bestätigt (Mt 17,26 f).
Diesen Verdacht erhärtet Lukas mit Nachdruck, indem er Jesus als politischen »Aufwiegler« vor Pontius Pilatus bringen läßt, mit der formellen Anklage, er habe »verboten, dem Kaiser Steuer zu zahlen« (Lk 23,1-3).
Könnte es nicht sein, daß Joseph, als frommer Jude, der die Vorschriften der Tora (Lk 2,21 und 41 f) nicht weniger ernst nahm als das Gebot der Kindererziehung (Lk 2,51 f), wie wir von Lukas erfahren, seinem Sohn nicht nur sein Tischlerhandwerk beigebracht hat, sondern ihm auch die Liebe zur Gott-gewollten Freiheit der Hebräer einzuflößen wußte! Auch wenn sie errungen werden mußte.
Feststeht auf jeden Fall, daß sein Auftritt bei der Geburt Jesu sein erster, wie auch sein vorvorletzter ist. Noch zweimal erscheint er, als stummer Statist, bei der Beschneidung und dann bei der Barmitzwah (etwa: der Konfirmation) seines Erstgeborenen, worauf er spurlos und klanglos

verschwindet. Er lebt nicht mehr, aber er stirbt auch nicht, noch hören wir von seinem Begräbnis – und nicht einmal der Hahn des Petrus kräht ihm nach.
Was mag da wohl geschehen sein?
Das Wahrscheinlichste, im Rahmen der damaligen Umstände, ist wohl, daß ihm etwas so Ungeheuerliches widerfahren war, daß man es im griechischen Evangelium weder verharmlosen noch entpolitisieren konnte. In diesem Sinne war aber das denkbar Ärgste, daß der arme Zimmermann als militanter Patriot, als Aufrührer, oder zumindestens als Steuerverweigerer den Rebellentod am Römerkreuz sterben mußte, ein Unheil, das im Evangelium um jeden Preis totgeschwiegen werden mußte.
Nicht auszuschließen ist die Annahme, daß Joseph zu jenen frommen Freischärlern gehörte, die sich der Befreiungsbewegung Judas, des Galiläers, anschlossen, bis Varus, der Römer, sie auseinandertrieb, ihre Häuser zerstörte und zweitausend von ihnen kreuzigen ließ, als Jesus noch ein Knabe war.
Dies könnte auch zum Teil erklären, warum Jesus zeitlebens als »Sohn der Maria« galt und Joseph, im Zuge der gesteigerten Christologie, zum »Nährvater« Jesu degradiert worden ist. Sollte man eines Tages in Israel Spuren des verschollenen Hebräerevangeliums entdecken, das wesentlich älter ist als die vier kanonischen, wie elf Kirchenväter einstimmig bezeugen, so könnte es sich herausstellen, daß nicht Stephanus, sondern der später heilig gesprochene Joseph als erster Märtyrer der Kirche geehrt werden sollte. Dies stünde im perfekten Einklang mit der einen Eigenschaft, die im Evangelium lobend hervorgehoben wird:
»Joseph aber, ihr Mann, war *gerecht* . . .« (Mt 1,19).
Dasselbe wird später auch von Jesus ausgesagt (Apg 3,14) sowie von seinem Bruder Jakobus, der als »der Gerechte« in Jerusalem stadtbekannt war. Als »Zaddik« aber – was am ehesten dem Recht-Schaffenden entspricht – galt nach Rabbinischer Anschauung nur ein frommer Jude, der die

Tora in ihrem ganzen Umfang zur Norm seines Lebenswandels gemacht hat – einschließlich der Satzung im 5. Buch Mose:

»Wenn du in das Land kommst, das dir der Herr, dein Gott, geben wird, . . . so sollst du den zum König über dich setzen, den der Herr, dein Gott erwählen wird. Du sollst aber einen aus deinen Brüdern zum König über dich setzen. Du darfst keinen Ausländer, der nicht dein Bruder ist, über dich setzen« (5 Mose 17,14-15).

Diese Stelle aus dem Königsgesetz war allgemein bekannt als das Verbot der Fremdherrschaft, das es den Tora-Treuen unmöglich machte, sich mit dem Heidenjoch der Römer abzufinden.

Da aber die Evangelien die Karriere Josephs mit radikaler Schweigsamkeit umhüllen, ist dies alles nicht viel mehr als einfühlsame Plausibilität. Den einzigen klaren Hinweis auf die Gesinnung Josephs können wir der Namensgebung seiner fünf Söhne entnehmen: Jesus, Juda, Simon, Jakobus und Jose (oder Joseph), wie Markus (6,3) sie uns berichtet.

Auf Anhieb fällt hier auf, daß alle fünf gute jüdische Bibelnamen sind, ohne den geringsten hellenistischen Einfluß, wie er etwa bei Philippus, Andreas und Nikodemus zu finden ist.

Gleich den fünf Makkabäerbrüdern, erinnern sie nicht nur an traditionelle Kämpfergestalten, sondern haben auch einen messianischen Beigeschmack.

So war *Juda,* der Sohn Leas, der Gründer des Stammes Juda, dem Boas, Ischai und David entstammen, aus deren Nachkommenschaft der Messias erwartet wird, eine immergrüne Hoffnung, für die der Segen, den Jakob seinem Sohn Juda auf dem Sterbebett erteilt, seit Bibelzeiten als Bestätigung gilt (1 Mose 49,8-10). Ihm zu Ehren wurde der Erstgeborene der Makkabäer Juda genannt, der Israel vom Joch der Syrer befreite und den Tempel in Jerusalem wieder einweihen konnte, was allgemein als Vorzeichen der kommenden Erlösung aufgefaßt wurde. Nicht zuletzt kam Juda, der Galiläer, der den Aufstand anführte, aus einer Familie, in der die Anwartschaft auf das Amt des messianischen Königs geradezu als erblich galt.

Simon, dem letzten der Makkabäer, gelang es, die Heere des Kaisers Antiochus VII. endgültig zu besiegen, und mit den Feinden Israels ein Friedensbündnis zu schließen, indem den Juden vor allem »der Erlaß aller Steuern« (1 Makk 15,5 f) zugestanden wurde, verheißungsvolle Worte für alle, die zu Josephs Zeiten unter dem Römerjoch seufzten. Das Loblied, das seine Siege verherrlicht, weiß von seinem »Friedensreich«, in dem »Jubel und Freude« herrschten, zu erzählen – in Tönen, die lebhaft an die Endzeitvision der Propheten erinnern (1 Makk 14,25-49). Kein Wunder, daß nicht weniger als 21 der jüdischen Anführer, die gegen Griechen und später gegen Römer zu Felde zogen, den Namen Simon trugen.

Von *Jakob* heißt es in der Weissagung des Propheten Bileam: »Ein Stern wird aus Jakob aufgehen« (4 Mose 24,17), was schon sehr früh als messianischer Fingerzeig gedeutet wurde, so daß Bar Kochba zum »Sternensohn« umbenannt wurde, nachdem er von Rabbi Akiba öffentlich zum »Messias Israels« proklamiert worden war. Das Bibelwort: »Aus Jakob wird der Herrscher kommen« (4 Mose 24,19), wurde zu einer Losung der Zelotenbewegung, was wohl die Popularität dieses Namens unter den damaligen Patrioten erklärt.

Dasselbe gilt für *Joseph,* von dem es im 1. Buch Mose heißt: »Er war der Herrscher im Lande« (1 Mose 42,6), was ebenso als Hinweis auf den kommenden Erlöserkönig ausgelegt zu werden pflegte.

Unmißverständlich messianisch ist aber vor allem der Name Jesus oder, besser gesagt: *Jeschua,* der entweder »Gott wird erlösen« oder »Er wird erretten« bedeuten kann. In beiden Fällen aber mußte er im damaligen Klima fieberhafter Naherwartung wie ein Stoßgebet um nationale Befreiung klingen.

Das Fazit dieser sehnsüchtigen Namenssymbolik liegt auf

der Hand: Joseph und die Seinen mußten zu jenen Kreisen gehören, die tatkräftig »auf die Erlösung Jerusalems« hofften, von denen uns Lukas (2,38) noch im selben Kapitel erzählt. Feststeht, daß ein Vater in Israel, der seinen Söhnen solche Namen gab, sie von Kindheit an im Geist der Freiheit Gottes zu erziehen entschlossen war.
Was Maria betrifft, hat sie uns im Loblied des Magnificats, das unserer Perikope vorangeht, ein Manifest ihrer politischen Überzeugung hinterlassen:

»Er (Der Herr) hat Macht geübt mit Seinem Arm; Er zerstreut die Hochmütigen in ihrem Unterfangen. Gewaltige hat Er vom Thron gestürzt und Niedrige erhöht. Hungrige hat Er erfüllt mit Gütern und Reiche leer davon geschickt . . . Angenommen hat Er Sich Israels, Seines Knechtes, eingedenk Seiner Barmherzigkeit« (Lk 1,51-54).

Geklärt sollte hier noch werden, daß »die Reichen« und »die Hochmütigen« landläufige Decknamen für die damaligen Römer waren; daß der gesamte Lobgesang eine Blütenlese aus biblischen Zitaten darstellt, die alle als Trost und Zuspruch auf das heiß ersehnte Ende der Heidenherrschaft umgemünzt wurden, und letztlich: daß Maria nicht dafür dankt, daß ihr ein Kind verheißen wird, sondern daß Gott in diesem Kind »Seinem Volk Israel aufhilft«, wie sie voll Zuversicht voraussagt.
Mit Recht liest Helmut Gollwitzer diese Proklamation der Maria auf die Weltgeschichte und die Politik hin. Denn Gottes Wille wird hier eindeutig »auch in den Revolutionen und durch die Revolutionen am Werke gesehen . . . Gott wirkt in der Geschichte nicht nur als der Stabilisator . . ., sondern auch als der Umstürzer von Ordnungen«, wie es Joseph und Maria sich so sehnlich erhofften (H. Gollwitzer, Wendung zum Leben, München 1980, 114 ff).

Daß die Bibel ein aufregendes Buch der hebräischen Befreiungs-Theologie ist, das immer wieder die Partei der Hungrigen und der Unterdrückten ergreift, haben inzwischen auch die A-Theisten entdeckt. Ob es sich schon in allen Kirchen herumgesprochen hat, weiß ich nicht. Wie dem auch sei, der Heide Lukas, der fünfzig Jahre nach dem Tode Jesu schrieb und auf der Sonnenseite der Pax-Romana saß, mußte diese umstürzlerische Geschichte so weit wie möglich entpolitisieren und in einen zu nichts verpflichtenden Nimbus entrücken, um den argwöhnischen Römerstaat zur Duldung seiner neuen Religion zu bewegen. Die hebräische Wahrheit zu verkündigen, wie es wirklich gewesen war, wäre zu Lukas Zeiten wohl lebensgefährlich gewesen. So ganz und gar ist ihm diese schwere Aufgabe jedoch nicht geglückt.

»Gepriesen sei der Herr . . . der uns Rettung schafft aus der Hand unserer Feinde und aus der Hand all derer, die uns hassen!« (Lk 2,68) so betet der greise Zacharia sein antirömisches Befreiungslied.

»Und Gott, der Herr, wird ihm den Thron . . . Davids geben; herrschen wird er über das Haus Jakob in Ewigkeit« (Lk 1,32), so heißt es in der subversiven Verkündigung an Maria.

Sogar im Engelchor, mit dem unsere Perikope ausklingt, schwingt unüberhörbar die Theopolitik mit: Es geht um Gottes Herrlichkeit und den Frieden auf Erden, der aber nur den Menschen »Seines Wohlgefallens« zugesagt wird, keineswegs allen Menschen, noch denen »die guten Willens sind«, wie es seit der Vulgata in vielen Übersetzungen heißt.

Hinter diesem griechischen Genitiv verbirgt sich ein Hebraismus (Bené-Rezonó) wie schon früh vermutet wurde und nun durch die Schriftrollen vom Toten Meer (Qumran) endgültig bewiesen worden ist. Wollen wir aber wissen, wer diese Menschen sind, die Gott liebt, so kommen von der Botschaft der Propheten und Jesu von Nazareth her wohl in erster Linie die Armen, die Verfolgten und die kleinen Leute in Frage. Danach ist aber auch »alles Volk« (Lk 2,10) gemeint, dem ja »die große Freude« zuteil werden soll, wie der Engel den Hirten verkündigt.

Ausgeschlossen davon sind jedoch mit Sicherheit »die Hochmütigen, die Gott vom Thron stürzt« (Lk 1,52), und »die Feinde, aus deren Hand Er Israel erlöst« (Lk 1,74), die niemand anderes sein können als die Tyrannen aus Rom.

So weit die politischen Fragmente, die die redaktionelle Verniedlichung des Lukas überleben konnten. Unversehrt blieb auch in der griechischen Übersetzung die Fülle von messianischen Andeutungen, von denen unser Text förmlich strotzt.

Hier sei zuerst das ursprüngliche Motiv des Findelkindes erwähnt, das, wie gesagt, lebhaft an die Geburt des Moses erinnert: In beiden Fällen geht es um einen künftigen »Erlöser« Israels, der vor der Gewaltherrschaft der Heiden bewahrt und verschont werden muß. Beide werden von ihren Eltern notgedrungen ausgesetzt, wobei das »Kästlein« des Moses und die »Krippe« Jesu auffallende Ähnlichkeiten aufzeigen; genau wie Herodes, der Kindermörder, dem Pharao, der alle Hebräerknaben im Nil ertränken läßt, nachgebildet zu sein scheint. Letztlich bedarf es der Fügung Gottes, um beide Kinder aus Not und Tod zu erretten, und sie ihrer Sendung als heiß ersehnte Volksbefreier zuzuführen.

Nicht weniger messianisch ist die Ortsangabe Bethlehem, so wie die Hirten als Empfänger der Frohbotschaft, beide aus der Weissagung des Propheten Micha, die die Erwartung auf den Nachfolger Davids mit einem Zuspruch verbindet, den die Kirche leider aus ihrer Lesung in Micha 5,4 mitten im letzten Satz abgebrochen hat. Dort heißt es aber in greifbar konkreter Verheißung: »Wenn Assyrien in unser Land fällt« – was als Sammelname für die Feinde Israels galt – »so werden wir sieben Hirten . . . dagegen aufstellen, die das Land Assyrien verderben mit dem Schwert« (Mi 5,4 b), ein Satz, der im Talmud (Sukka 52 b) auf die Erlösung hin gedeutet wird. Hinzuzufügen ist noch, daß die Mischnah (Schek 7,4) erzählt, die Hirten, die die Tempelherden in der Nähe von Jerusalem weideten, deren

Lämmer für den Opferdienst bestimmt waren, würden die ersten Herolde sein, die das Kommen des Messias verkündeten. Dies bestätigt auch der aramäische Targum (Pseudo-Jonathan) zu 1 Mose 35,21, der erwähnt, daß der Wachturm der Hirten bei Bethlehem der Ort sei, von dem aus die Geburt des Messias verkündigt werden sollte.

Für bibelkundige Ohren muß die Tatsache, daß Maria bereits als »Verlobte« hochschwanger war, keineswegs einer Verleumdung gleichkommen, umso weniger, als die vier Ahnfrauen im Stammbaum Jesu: Tamar, Rahel, Rut und Batseba, zwar weltberühmt, aber nicht gerade Vorbilder der Keuschheit waren. Heißt es doch von Jephtach, dem Richter, der Israel aus der Hand der Ammoniter erlöste, er sei »ein streitbarer Held, aber der Sohn einer Hure« gewesen (Ri 11,1), was seinem Befreiungswerk keinen Abbruch tat.

Nicht zuletzt wird dreimal betont, daß Jesus »aus dem Hause und Geschlecht Davids« stammt und in Davids Vaterstadt zur Welt kommen solle, um so auch den damaligen Erwartungen als Davidssohn vollauf zu entsprechen.

Zuguterletzt wird auf die Geburt des »Friedensfürsten« aus Jes 9 angespielt, »auf daß seine Herrschaft groß werde und des Friedens kein Ende auf dem Thron Davids und in seinem Königreich . . .« (Jes 9,5).

Das Fazit: Wir haben es mit einem Mosaik von messianischen Belegstellen zu tun, die aus der Rückschau der judenchristlichen Urgemeinde auf den neugeborenen Jesus als künftigen Erlöser Israels hinweisen sollen, eine strahlende Hoffnungsgeschichte, gegen alle Angst und Furcht, die unbeschadet aller Enttäuschungen, das ganze Abendland zum Gott Israels geführt hat.

Diese biblischen Verheißungen wurden ursprünglich von Israels Propheten verkündigt, später von Judenchristen auf ihre Glaubenserlebnisse hin umgedeutet und letztlich von der Heidenkirche der christlichen Weltanschauung angepaßt. Die Samen sind gesät, die ersten Keime sprießen auf, aber zur Ernte sind die Früchte noch nicht reif.

Zweifelsohne: Im Namen dieses Jesus von Nazareth wurde der Glaube an den Einen Gott von Jerusalem aus in die ganze Welt hineingetragen, als »ein Licht zur Erleuchtung der Heiden«, wie Lukas den greisen Simon sagen läßt (Lk 2,32), was aus jüdischer Sicht als messianische Wegbereitung verstanden werden kann.
Der Friede auf Erden aber, und die messianische Erlösung, die hier versprochen werden, stehen leider noch immer aus.

Dialog – Bibelarbeit

Gollwitzer:

So haben wir vermutlich alle die Weihnachtsgeschichte noch nicht gelesen. Für eine Auslegungsdebatte auch über einige spekulative Elemente in deiner Erzählung ist jetzt keine Zeit. Lukas ist tatsächlich ein merkwürdiger Schriftsteller, der Nichtjude unter den meist jüdischen Verfassern der neutestamentlichen Schriften, etwas widersprüchlich, weil er auf der einen Seite viel Wert darauf legt, daß die neue Botschaft, die Christusbotschaft, unlöslich zusammenhängt mit der Botschaft dessen, was wir Christen das Alte Testament und was wir in unserer Arbeitsgemeinschaft Juden und Christen uns angewöhnt haben, die Hebräische Bibel zu nennen. Auf der anderen Seite ist er bemüht, wegen des Mordes an Jesus die Römer zu entlasten und die Juden zu belasten. Nun lasse ich den Lukastext einmal stehen, wie wir ihn haben, und sage: Jedenfalls ist er eine Charakterisierung Jesu. Wir müssen uns immer klar machen: Lukas schreibt von hinten her. Er schreibt sicher nach dem Jahre 70, nach der Zerstörung Jerusalems. Er schreibt vom Ende Jesu her, d. h. von Tod und Auferstehung her. Von daher schreibt er über die Geburt Jesu. Wie charakterisiert er Jesus schon in der Geburtserzählung?

Angelus Silesius sagt: »Wär Jesus tausend Mal in Bethlehem geboren und nicht in dir, / so wärst du ewiglich verloren.« Das ist schlesische Mystik, das ist nicht das Neue Testament. Genau damit keiner ewiglich verloren geht, kommt Jesus – und nicht, damit die Menschen, wenn sie ihn nicht im Herzen haben, verloren gehen. Ihr merkt, wir haben hier nicht nur innerliche Ereignisse. Ich habe beim Herumgehen auf dem Kirchentag oft ein Übersetzen des

Evangeliums ins rein Innerliche beobachtet. Vom Innerlichen müssen wir nachher noch sprechen, aber zunächst geht es um lauter äußere Ereignisse mitten in der politischen und sozialen Welt der Zeit. Ich möchte empfehlen, die ganze Geburtsgeschichte unter der Überschrift zu lesen, mit der das Lied von Zacharias im vorhergehenden Kapitel bei Lukas beginnt: »Gelobt sei der Gott Israels; denn er hat besucht und befreit sein Volk.« Was ich jetzt schildern will, sagt Lukas, ist der Besuch Gottes bei seinem Volk. Königskinder in der Welt werden mit Böllerschüssen begrüßt, der hier aber, in einer anderen Stadt Davids, draußen in der Provinz, in einem Elendsnest, ein Flüchtlingskind, ein Findelkind, wie Lapide wahrscheinlich oder möglich gemacht hat, völlig proletarisch. Die ganze grausame Realität seiner Zeit spiegelt sich hier und alle Schriftsteller, die Weihnachtsgeschichten geschrieben haben mit Säuglingen auf Flüchtlingstrecks, in Flüchtlingslagern, verhungernd und verdurstend in Somalia und sonst wo, haben Recht. Weiter: wirklich ein Säugling, nichts zu merken von Göttlichkeit. Dem Herkules in der griechischen Mythologie kann man schon in der Wiege ansehen, daß ein Gott ihn gezeugt hat. Der Besuch Gottes bei seinem Volk macht in die Windeln und saugt Milch von der Brust seiner Mutter, genau wie wir es alle getan haben.

Für uns Nichtjuden wichtig: im Abseits der Welt, in einer kleinen römischen Provinz, in einem winzigen Volk, das sich nur ausgezeichnet hat durch zweierlei: dadurch, daß es von allen anderen Göttern, denen die Welt dient, nichts gehalten hat und dadurch, daß es sich mit besonderer Störrischkeit gegen die römische Okkupation aufgelehnt hat und außer seinem Gott keinen König über sich hat dulden wollen. Wir werden unsere restliche Zeit verwenden auf die Charakteristik dieses Jesus, und wie sie zusammenpaßt mit dem, was Lapide uns historisch dargetan hat. Wir wollen uns also konzentrieren auf die entscheidenden Sachaussagen über Jesus.

Bevor ich an Pinchas Lapide eine Frage stelle, möchte ich auf zweierlei hinweisen: Wir werden jetzt nicht über die Jungfrauengeburt sprechen. Dieses zweite Kapitel spricht auch nicht davon, nur das erste Kapitel bei Lukas. Das wäre ein zu weites Thema für diese Stunde. Wir werden die abstrakten theologischen Begriffe wie Inkarnation, Menschwerdung usw. nicht verwenden. Und zwar nicht, weil sie gehaltlos wären, sondern weil sie eine bedenkliche Vorstellung provozieren: sie könnten Jesus zu einem von oben Kommenden werden lassen, der immer ein Stück oberhalb von uns bleibt. Die neutestamentlichen Geburtsgeschichten weisen uns auf einen Weg, von Gott zu denken, den wir in unseren Tagen erst allmählich lernen. Die Geburtsgeschichte und die ganze Lebensgeschichte Jesu sagen: Wenn du wissen willst, wie Gott kommt, dann darfst du nicht nach oben schauen, dann mußt du nach unten schauen. Wenn du es wirklich wissen willst, dann mußt du dorthin schauen, wo verachtete Winkel sind, wo marginalisiert wird, wo ausgestoßen wird, zu den schlimmsten untersten Ecken, da unten ist Gott. Getreten, machtlos, liebend kommt er von ganz da unten her.
Nun zu den zentralen Worten, die wir hier lesen: Zunächst ein ganz jüdisches Wort, das zum christlichsten Wort geworden ist: Christus, auf hebräisch Messias, zum Eigennamen Jesu geworden. »Welcher ist der Retter«, sagen die Engel, »welcher ist der Messias, der Herr, der Christus Kyrias.« Eine andere Handschrift sagt auch: »welcher ist der Messias des Herrn, der Messias Gottes.« Dann die drei zentralen Worte: große Freude, Rettung, Frieden. Das wäre das Thema für die letzte halbe Stunde. Wieder muß ich zuerst meinen Freund Pinchas fragen: Sag uns, was Messias, Messianität, messianische Zeit im jüdischen Denken bedeuten.

Lapide:

Messias ist ein so hebräisches Wort, daß es als Lehnwort in alle Sprachen Europas unübersetzt eingegangen ist. Messias, eigentlich: Maschiach, ist der Gesalbte des Herrn, der sicherlich von Sünden, Drangsal und von Glaubensnot erlösen soll, aber auch Befreiung bringen muß auf dem öffentlichen Schauplatz der Weltgeschichte. Ein Messias, unter dem Auschwitz und Hiroshima möglich sind, ist ein Selbstwiderspruch, wie ein Bundeskanzler, der nicht regiert. Entweder Erlösung, dann müssen es meine fünf Sinne wahrnehmen können, oder Faustpfand auf die kommende Erlösung, dann ist er ein Vorläufer oder Wegbereiter des Messias. Ein Messias muß aufs Ganze hin erlösen; denn Erlösung von Leib und Seele, von Sklaverei, Unfreiheit und Not geht Hand in Hand mit der innerlichen Erlösung von Sündhaftigkeit, Angst und Schwäche und dem Abwischen aller Tränen, wie es so schön in beiden Testamenten verheißen wird. Mit anderen Worten: ich habe den Verdacht, daß ihr diesen Jesus von Nazareth, meinen Landsmann, den jüdischsten aller Juden, wie Klausner ihn nennt, vielleicht etwas zu hoch angehimmelt habt, wir Juden haben ihn zu tief vernachlässigt und totgeschwiegen. Ich könnte mir vorstellen, daß die göttliche Wahrheit irgendwo in der Mitte liegt. Nicht Messias als Erlöser, wohl aber Mutmacher in einer düsteren, selbstzerfleischten Welt wie der unseren. Nicht Erretter und Befreier, aber Angeld auf die noch ausstehende Erlösung; auf die hin er seine Jünger zu beten gelehrt hat. »Dein Reich komme«, sagt nur einer, der um das schmerzliche Noch-nicht der Erlösung weiß und die Unerlöstheit spürt. Ich glaube, er ist ein Vorschuß auf die kommende Erlösung, ein messianischer Bahnbrecher, der das Abendland zum einen Gott Israels geführt hat. Aber ob er der Messias im Sinne des Judentums ist, das werden wir erst wissen, wenn er kommt oder wieder kommt; denn auch eine Wiederkunft ist eine Ankunft, und inzwischen, bis er kommt, wie Paulus sagt, sollten wir keine Zeit verlierenn um die eitle Frage, was er war, sondern eher nachdenken, was er wollte, was er predigte und gelehrt hat. Nämlich: den Willen seines Vaters tun. Und den Willen seines himmlischen Vaters zu tun, ist auch der Inhalt und das Herzstück meines

Lebens, wenn ich's auch allzu häufig falsch tue oder daneben rate. Aber den Willen seines himmlischen Vaters, der meiner ist und deiner, Helmut, auch, uns unser aller, Gott sei Dank, den zu tun, war er nie müde zu predigen, zu lehren und vorzuleben. So hören wir doch auf: »Herr, Herr« zu schreien; denn das hat er ausdrücklich nicht gewollt. Zweimal warnte er: Nicht, wer mich Herr, Herr nennt, kommt ins Himmelreich, sondern wer den Willen seines Vaters tut! – In der Konkordanz habe ich nachgeschaut das häufigste Zeitwort in der gesamten Predigt Jesu ist eben dieses gut jüdische »Tun«. Das sollten wir zu Herzen nehmen: weniger Lippendienst, mehr Tatendienst.

Gollwitzer:

Ihr müßt es trotzdem aushalten, daß mindestens in Andeutung an dieser Stelle die schwierigste Frage in unserem neu entstandenen Freundschaftsgespräch von Christen und Juden wenigstens kurz skizziert wird. Zuerst etwas zum Messias. Ist euch klar: Hier ist eine große Gemeinsamkeit: daß das Wort Messias und messianisch Christen und Juden zuerst zusammenschließt: denn inmitten aller Kulturen und Religionen ist darin die jüdisch-christliche Überlieferung einzigartig, daß sie mit dem Wort Messias protestiert gegen die Welt, wie sie ist. Religion ist Opium des Volkes, hat Karl Marx gesagt, d. h. sie dient dazu, mit den bestehenden Verhältnissen sich abzufinden, in ihnen irgend einen Sinn zu finden, sich in sie hineinzufinden oder sie gar zu verklären. Daran sind die Herrschenden interessiert, damit die Beherrschten sich nicht empören, und daran sind die Beherrschten interessiert, damit sie mit Hilfe dieses Opiums die Misere dieses Lebens besser ertragen. Das ist die Funktion der Religion. Dagegen gibt es eine Stelle in der Geschichte der Menschheit, das ist Israel mit seiner Hoffnung und Verheißung. Das richtet mit dem Wort Gott und dem Namen Gottes gegen diese Welt den Protest auf: dieser Irrsinn soll nicht sein, und er wird auch nicht bleiben. Und wir sind die

Zeugen dafür, daß diese Welt verändert wird. Wir harren auf die große Weltrevolution Gottes. Die andere Welt, die ganz andere Welt, das ist die Botschaft Israels und des Christentums. Das also heißt Messias: Revolution Gottes.

Was unterscheidet Christen und Juden? Da haben wir Pinchas, und da sind noch, ich glaube, ich kann sie an zehn Fingern herzählen, zehn Juden hier unter uns, alle anderen sind Christen. Hurra, wir sind Christen! Wir wissen's besser, wer Jesus eigentlich ist. Ihr kennt die Geschichte, Mt 16: Jesus fragt seine Jünger: »Was sagen die Leute, daß ich bin?« Was für Leute? Die Juden damals. Und siehe da, sie sagen ganz erstaunliche Sachen. Das Höchste, was man menschenmöglich als Jude damals von Jesus sagen konnte: »Du bist der wiederauferstandene Johannes der Täufer; du bist Elias, der Prophet, der in der Endzeit wiederkommen soll; du bist ein großer Prophet wie Jeremia oder sonst einer.« Sie geben ihm also die höchsten Bezeichnungen. Dann fragt Jesus, so erzählt Matthäus und Lukas erzählt es auch: »Wer sagt ihr denn, daß ich sei?« Darauf Petrus: »Du bist der Christus, der Messias, der Sohn des lebendigen Gottes.« Darauf Jesus: »Wohl dir, Petrus, Fleisch und Blut haben dich das nicht erkennen lassen, sondern mein Vater im Himmel.« Gleich darauf Petrus: »Herr, das Leiden, in das du gehst, widerfahre dir doch nicht.« Gleich darauf Jesus zu Petrus: »Geh weg von mir, Satan!« Bedeutung dieser Geschichte: die Erkenntnis Jesu als Sohn des lebendigen Gottes – zu deutsch: das christliche Glaubensbekenntnis hindert nicht und verhütet nicht, daß man im nächsten Augenblick von Jesus Satan genannt wird. Wer weiß, was Jesus über die Christenheitsgeschichte gesagt hätte? Das bloße Lippenbekenntnis zu Christus als dem Sohn Gottes nützt gar nichts. Dieses Bekenntnis führt Jesus an dieser Stelle zurück auf eine besondere Offenbarung Gottes: »Fleisch und Blut haben dir das nicht gezeigt, sondern der Vater im Himmel.« Damals, in den ersten Jahrzehnten entstand eine Spaltung im jüdischen Volk selbst, sie entstand, als etwas geschehen war, das, wie Pinchas Lapide gerade sagte, nicht geschehen darf. Pinchas hat gerade gesagt, ein Messias hat zu erlösen, und wenn er nicht befreit und erlöst, sondern am Kreuz umkommt, dann ist er kein Messias. Nach der Ermordung Jesu gab es eine Spaltung im jüdischen Volk. Erstaunlicherweise sagten einige Juden in Folge von Erscheinungen Jesu: Er ist der Befreier, der Besuch Gottes bei Israel, die große Hilfe für uns alle. Und die anderen Juden sagten: Wir können das nicht so sehen. Ein großartiger Mann, ein Prophet, aber man hat ihn umgebracht, wie andere Propheten auch. Die Römer und unsere Oberen in Kollaboration mit den Römern haben ihn beseitigt, aus ist's damit! Diese paar Juden, die sagten: »Wir sehen etwas, was ihr nicht seht«, haben dann eine unerhörte Anhängerschaft in den Völkern gefunden. Wir sollten jetzt nicht aufzählen, was die Christen sagen, was die Juden sagen, sondern wir sprechen jetzt miteinander über die damaligen Juden. Was haben die einen den anderen gesagt? Die einen, die Minderheit von christusgläubigen Juden, hat den anderen gesagt: Das Leben dieses Jesus ist der Besuch des Gottes Israels bei uns. Was kann ein Jude dazu sagen?

Lapide:

Ein Jude kann dazu sagen: »Immanuel«:» Gott-ist-mit-uns« ist seit den Zeiten Moses, aber insbesondere des Jesaias das einzige Wort des Zuspruches, das ein geängstigtes, vertriebenes und geplagtes Volk immer wieder den Rücken aufrichten ließ. Er heißt Immanuel, das heißt auf hebräisch: In diesem Kind ist Gott auch mit uns. Der Jude kann nicht behaupten, daß Gott nur in diesem Kinde war. Daß er auch in diesem Kinde wirkte und durch ihn sein Erlösungswerk einige Schritte voran getrieben hat, daß Jesus ein Ruck vorwärts war in der noch unvollendeten Heilsgeschichte, indem er unzähligen Menschen zu einem edleren Streben, zu einem besseren Leben und zu einem leichteren Sterben verholfen hat und zu der unsterblichen Hoffnung Israels auf eine bessere Welt, das ist sicherlich eine messianische Wegbereitung. In ihm war Gott, aber nicht in ihm allein, das kann der Jude ohne Schwierigkeit akzeptieren.

Gollwitzer:

Da wir mitten im Satz abbrechen müssen, darf ich euch noch zwei Sätze mitgeben zum weiteren Nachdenken. Einmal: Der Engel schaut voraus: »Große Freude, die allem Volk widerfahren wird.« Das Volk ist zuerst Israel, und dann geht's in die Menschheit hinaus. Wenn ihr von Gott sprecht, die Weihnachtsgeschichte leitet uns dafür an. Nur dann sprechen wir Jesus-gemäß von Gott, wenn Gott ein rundum erfreuliches Wort für uns wird. Gottes Kommen ist Freude. Das war auch in Israel nicht selbstverständlich, das wird jetzt durch die Jesusbotschaft unterstrichen. Zweitens: Das Schlußwort des Engelgesangs ist Frieden. Dietrich Bonhoeffer hat gesagt: Weil er der Friede ist, darum beauftragt er uns, nichts zu tun, als was dem Frieden dient. Über diesem Kirchentag steht, ohne daß man das in der Leitung so recht gewollt hat, das Wort Friede. Und im Kolosserbrief steht: »Alles, was ihr tut, mit Worten oder mit Werken, das tut alles in dem Namen des Herrn Jesus und danket Gott und dem Vater durch ihn!« Überlegt bei allen Diskussionen über Frieden und Rüstungspolitik: Kann man das, was hier getan werden soll, was unsere Soldaten tun sollen, wenn's losgeht, kann man das tun im Namen Jesu? Schreib' auf eine Rakete: »Im Namen Jesu«, dann weißt du, worum's geht!

PINCHAS LAPIDE

Was ich von Jesus glaube

Nachdem ich, der historischen Wahrheit zuliebe, die Weihnachtsgeschichte des Lukas zerpflücken mußte, um so weit wie möglich zu ihrer jüdischen Urfassung zurück zu gelangen; nachdem ich also verdeutlicht habe, was ich nicht zu glauben vermag, ist es an der Zeit auch klar zu stellen, was ich, als Tora-treuer Jude, von Jesus glauben kann.

Sieben Grundwahrheiten leuchten mir ohne Abstriche ein:

1. Ich glaube, daß seine Geburt ein Wunder war, weil jede Geburt, als die Menschwerdung aus einer Eizelle und einem Samentropfen ein unerschöpfliches Wunder Gottes ist, auch wenn uns die Alltäglichkeit dieser Belebung das Mysterium, das ihr innewohnt, vergessen läßt.

2. Ich glaube, daß Jesus ein Sohn Gottes war, wie wir alle Kinder unseres gemeinsamen Vaters im Himmel sind; ohne Unterschied der Religion, der Hautfarbe und der Volkszugehörigkeit.

3. Ich glaube, daß Jesus als Menschensohn einzigartig war, weil alle Träger des göttlichen Ebenbildes einmalig, unersetzlich und unnachahmbar sind; ein jeder mit seiner persönlichen Eigenaufgabe, die kein anderer erfüllen kann.

4. Ich glaube, daß Jesus von Nazareth eine Leuchte Israels war, der zur messianischen Wegbereitung berufen wurde: Die Stiftung der in seinem Namen gegründeten Kirche, die das Abendland zum Gott Israels geführt hat. Anders gesagt: Ich glaube, daß Jesus von Gott beseelt war; daß Gott durch Jesus gewirkt hat, und daß Jesus unzählige Menschen zu Gott geführt hat. Ebenso sicher bin ich, daß der Glaube an Jesus (den ich nicht teilen kann) zahllosen

Christen zu einem besseren Leben, einem edleren Streben und einem leichteren Sterben verholfen hat – und daß dies dem gütigen Heilswillen unseres Himmlischen Vaters entspricht.

5. Ich glaube daher, daß es höchste Zeit ist, diesen Jesus nicht mehr länger zum Graben der Entfremdung umzufunktionieren, sondern, seinem Anliegen getreu, in eine Brücke der Versöhnung zu verwandeln, um uns zu jenem Schalom zu führen, der nicht nur als Leitmotiv unseres Lukas-Textes dient, sondern auch die große Sehnsucht unserer verängstigten, sich selbst zerfleischenden Menschheit ist.

6. Denn ich glaube mit Jesus, daß unsere Welt weder heil noch heil-los ist, wohl aber heil-bar durch gemeinsame Arbeit an jenem Weltfrieden, der kein frommer Wunschtraum bleiben darf.

7. Letztlich glaube ich, daß Juden und Christen unverbesserliche Heilsoptimisten sind, Gott sei Dank, die sich brüderlich den Weltrekord für Hoffnungskraft teilen sollten. Christen warten über 1900 Jahre auf Jesu Wiederkunft; Juden warten schon über zwei Jahrtausende auf die Ankunft des Messias, der beide erlösen soll. Ich kenne keine dritte Religion, die solch hartnäckige Ausdauer bewiesen hat.

Sollten Juden und Christen da nicht endlich eine Groß-Koalition der messianischen Zuversicht gründen, um gemeinsam, als Mitarbeiter Gottes, ihre tatkräftige Hoffnung in Bibel-getreue Wirklichkeiten umzusetzen?!

HELMUT GOLLWITZER

Vorüberlegungen zur Bibelarbeit

I

Erzählt wird die Geburt desjenigen Juden, der wie kein anderer Jude, ja wie kein anderer einzelner Mensch in die Weltgeschichte eingegangen ist – so nämlich, daß er uns, ob wir wollen oder nicht, gegenwärtiger ist als irgendein anderer bekannter Mensch der vergangenen Geschichte.

Die Geschichte seiner Geburt wird hier nicht von einem Standesbeamten, einem Zeitungsreporter, einem historischen Forscher berichtet, sondern von seinen Anhängern – so, wie man sie sich in deren Kreisen fünfzig bis sechzig Jahre später erzählt hat. Wir lesen sie heute in einer doppelten Weise – und es ist wichtig, daß wir uns dessen bewußt sind: 1) Wir lesen und hören sie so, wie sie – neben der Kreuzigungsgeschichte wohl die bekannteste Geschichte der Bibel – seit jenem 1. Jahrhundert von der christlichen Kirche gelesen worden ist: auf den Knien, mit Freude, Dankbarkeit und Anbetung als die Geschichte des größten Gottesgeschenkes, in der Haltung dankbarer Empfänger. 2) Wir lesen sie als Menschen des 20. Jahrhunderts, d. h. als Menschen mit einem historischen Bewußtsein, die eine Frage nicht unterdrücken können, die die damaligen Hörer dieser Erzählung nicht in gleicher Weise empfunden haben – eine Frage, die wir heute an *jeden* Bericht über vergangene Ereignisse stellen: Ist diese Geschichte tatsächlich so geschehen, wie sie hier erzählt wird? Welche Indizien sprechen dafür, welche dagegen? Wir erforschen heute jede (historische) Überlieferung mit den Mitteln der historisch-kritischen Geschichtsforschung. Die Historiker sprechen bei einer solchen Geschichte, wie wir sie hier haben,

von einer *Legende.* Damit meinen sie nicht: Legende = Lugende (Luther), sondern sie lassen noch ganz offen, ob es nicht vielleicht tatsächlich so gewesen ist; Legende ist jede Geschichte, in der Irdisches und Überirdisches so wundersam gemischt ist. Nur deshalb nennen wir die Geburtsgeschichten der Evangelien auch Geburtslegenden. Wir lesen diese Geschichten auch in der distanzierten Haltung des Historikers, und wir haben gelernt, daß wir damit diesen Geschichten nicht unrecht tun, daß sie ihren Wert dadurch nicht einbüßen, sondern oft noch deutlicher leuchten lassen, daß also »auf den Knien lesen« und »in historisch-kritischer Distanz lesen« nicht sich ausschließt, sondern gegenseitig bereichert.
In Distanz lesen wir diese Geschichte so, wie zunächst alle Menschen sie lesen, auch Nicht-Christen, auch Juden. Wir hörten jetzt zuerst, wie P. *Lapide* sie liest: in der Distanz des Historikers, des Juden, zugleich aber in der eigentümlichen Nähe des Juden, der hier eine jüdische Geschichte, wenn auch von dem Nicht-Juden Lukas, erzählt hört.

II

Was hat Lapide überprüft? Eine *weltliche* Geschichte, d. h. eine Geschichte in dieser Welt.
1) Ein Mensch, ein *wirklicher Mensch* wird geboren, kein Fabelwesen, kein Gott wie in heidnischen Mythen, kein Halbgott, sondern »an Gebärden als ein Mensch erfunden« (Phil 2,7). Dem Herkules der griechischen Sage merkt man schon in der Wiege an, daß ein Gott, daß Zeus ihn gezeugt hat. Hier dagegen ist nichts großartig: ein Säugling, hilflos, schreiend, in die Windeln machend, wie jeder von uns es tat.
2) Dann: ein Säugling im gesellschaftlichen *Abseits,* Kind kleiner Leute, mit seinen Eltern Opfer der bösen Zeitumstände, Opfer der Mächtigen mit ihrer Geldgier (die »Schätzung«!), nicht von Glockengeläut und Kanonenschüssen begrüßt wie Fürstenkinder, abseits von den Zen-

tren der Macht, der Kultur und der Religion, nicht einmal in der Hauptstadt Jerusalem, sondern draußen in der Provinz und von Eltern aus einer von ordentlichen Juden ziemlich verachteten Provinz, aus Galiläa. »Was kann aus Nazareth Gutes kommen?« (Joh 1,46) – und: »Ist dieser nicht des Zimmermanns Sohn?« (Mk 6,3), werden später Nathanael und seine Landsleute fragen. Noch dazu nicht einmal in einer ordentlichen Wiege oder im Bett wie vermutlich wir alle, sondern wie Säuglinge in einem Flüchtlingstreck. Später wird er selbst einmal von bösen Zeiten sagen: »Wehe den Schwangeren und Säugerinnen zu dieser Zeit!« (Mt 24,19). So ist es ihm selbst und seiner Mutter ergangen. In einem Futtertrog fängt sein Leben an – das gehört wesentlich zu dem »Zeichen«, das den Hirten angegeben wird (V. 12), und eben dies spricht doch eher *gegen* seine Bedeutung als dafür. Ganz unten, ganz bei den Armen, bei den Säuglingen in den Flüchtlingslagern, zuerst bei denen – das ist seine erste Solidarität, wie es auch seine letzte sein wird: am Kreuzesgalgen zwischen zwei Opfern der Mächtigen.

3) Abseits nicht nur von uns in unseren wohlgepflegten Häusern und Entbindungsstationen, nicht nur im proletarischen Abseits, sondern noch in einem anderen Abseits: Die Erzählung weist uns weg von unserem Volk, unserer weißen Rasse, unserer Kultur zu einem Volk, zu dem viele von uns unter gar keinen Umständen gehören möchten, zu dem nicht zu gehören wir in der Nazizeit sehr froh waren, zum *Judentum*. Das Beste, was Martin Luther, der später so schlimme Sachen über die Juden geschrieben hat, von den Juden gesagt hat, findet sich in einer Schrift mit dem Titel: »Daß unser Herr Jesus Christus ein geborener Jude sei« – und so ist es, trotz aller Bemühungen, Jesus zu germanisieren, ihn den Juden zu stehlen und zu einem der Unsrigen zu machen. Als die Deutschen einen viel entsetzlicheren Kindermord als der König Herodes veranstalteten, da wäre auch er nicht verschont worden. Er ist nicht »das

letzte Aufflackern der arischen Rasse im Orient«, wie 1934 der DC-Kirchenkommissar *Jaeger* gesagt hat, sondern Jude ist er, von jüdischem Blut, zu den Juden gesandt, wie er selber später sagen wird: »Ich bin nur gesandt zu den verlorenen Schafen des Hauses Israel« (Mt 15,24). Das hebt ihn ab von uns, das hebt ihn aber auch so heraus, wie die Juden herausgehoben sind. Denn das bringt ihn in Zusammenhang mit der Besonderheit *Israels,* mit der Erwählung und Sendung Israels, mit der Hoffnung wie mit dem Leiden Israels, mit den Verheißungen Israels. Wer sich Jesus nähert, nähert sich den Juden. Jesus gehört zuerst den Juden und dann erst und erst von ihnen her auch uns; man kann nicht zu Jesus gehören, ohne auch mit den Juden, seinen Brüdern und Schwestern, brüderlich verbunden zu sein. »Das Heil kommt von den Juden« (Joh 4,22), von ihnen zu uns. Dieses »zuerst den Juden«, das auch Paulus betont (Röm 1,16), wird kurz vor unserem Text im Lobgesang des Zacharias ausgesprochen, in dem Gott gelobt wird: »Denn er hat besucht und erlöst sein Volk« (Lk 1,68). Jesus ist der befreiende Besuch Gottes, des Gottes Israels, des Gottes Abrahams, Isaaks und Jakobs, bei seinem Volk und erst von daher auch bei den Völkern, bei der Menschheit, bei uns.

4) Obwohl so abseits, als Jude auch unter den Juden abseits, nämlich als Kind galiläischer Eltern, im Futtertrog im armseligen Bethlehem geboren, wird er nun aber gleich in die Mitte des Judentums gestellt. Sein Vater ist nicht nur irgendein Galiläer, sondern »aus dem Hause und Geschlechte *Davids*« (V. 4), »geboren aus dem Samen Davids nach dem Fleisch« (Röm 1,3). Wie unansehnlich, wie sozial abgestiegen die Familie des Joseph auch sein mag – sie gehört zu einer Sippe, über der eine besondere Erwartung lag: die messianische Erwartung seit den Verheißungen der Propheten (Jes 9,6; Ps 110 u. a.; Lk 1,32). Mehr noch als in anderen jüdischen Familien schaute eine Mutter aus dieser Sippe – besonders in gedrückten Zeiten – auf ihren neugeborenen Sohn mit der heimlichen Frage, ob

er wohl der erhoffte Messias sein werde, der Erretter seines Volkes, der es, wenn die messianische Erlösungszeit anbricht, aus Knechtschaft und Ungerechtigkeit befreien wird.

Das Wort »*Messias*« = der Gesalbte = der Christus kommt in der Ankündigung des Engels vor. Die Urchristenheit hat, als sie sich in der griechisch-römischen Welt ausbreitete, das Wort »Messias« mitgenommen – in der griechischen Übersetzung »Christos« – als Jesu wichtigsten Hoheitstitel, so daß er schließlich aus der Bezeichnung seiner Funktion zu seinem zweiten Namen geworden ist. Zugleich hat sie aber von der Geschichte Jesu her die Bedeutung des Titels »Messias« verändert:

1) Nicht mehr mehrere Messiasse waren ihr denkbar, sondern nur noch dieser eine.

2) Es handelt sich nicht mehr um Einzel-Gestalten *innerhalb* der messianischen Zeit, sondern beides fällt zusammen: der Anbruch der messianischen Zeit und die Erscheinung Jesu.

3) Nicht mehr ein Beendiger der äußeren Not Israels und der Menschheit, sondern der »Retter von Sünden« (Mt 1,21) wird dieser Messias sein, und dies durch sein Leiden: Der Messias wird mit dem leidenden Gottesknecht (Jes 53) verbunden.

4) Der Unterschied zwischen jüdischer und christlicher, an Jesus gewonnener Messias-Vorstellung ist also nicht einfach: die Juden warten noch auf den kommenden Messias, die Christen glauben an Jesus als den schon gekommenen, sondern: Die Juden warten nicht so sehr auf »den« Messias, sondern auf die messianische Zeit, und diese ist die Zeit der äußeren wie der inneren Erlösung der Menschheit, das Reich Gottes in ganzer Fülle; die Christen warten ebenfalls auf dieses Reich Gottes, stehen ebenfalls mit den Juden immer noch im »Noch-Nicht« (vgl. Röm 8,18-25), glauben aber an Jesus als den schon gekommenen Erlöser, mit dessen Kommen das Reich Gottes schon in Verborgenheit angebrochen ist und Fuß gefaßt hat auf Erden, so daß wir

schon in der messianischen Zeit leben, aber noch nicht in der Fülle der messianischen Zeit.

III

Wir sind damit bei der verschiedenen Sicht Jesu durch Juden und durch Christen angekommen, sicher die schwerste Frage heute beim christlich-jüdischen Dialog. Kurz gesagt: Für jüdischen Glauben hat sich durch Jesus nichts wesentliches in der Welt geändert; für christlichen Glauben ist Jesus die entscheidende Zäsur in der Weltgeschichte (wie es auch unsere Zeitrechnung ausdrückt), hat in der Welt, *obwohl* sie unverändert weiterzulaufen scheint, sich *alles* geändert. Hier scheint alles für die jüdische Sicht zu sprechen; die christliche ist viel unglaublicher, viel schwerer zu verstehen für uns alle. Wie wird die christliche Sicht in der Geburtsgeschichte ausgesprochen, und wie hilft diese uns, die christliche Sicht Jesu zu verstehen?
Zwei hilfreiche Sätze können uns die Art verdeutlichen, wie die Evangelien von diesem jüdischen Menschen Jesus von Nazareth und also auch von seiner Geburt erzählen: 1) Die Evangelien sind »Passionsgeschichten mit ausführlicher Einleitung« (M. Kähler); 2) die Evangelien »spirant resurrectionem«, atmen Auferstehung (J. A. Bengel). Die Evangelien sehen also Jesu Geschichte von ihrem Ende her. Je nachdem, wie man das *Ende* der Lebensgeschichte Jesu versteht, wird man sein ganzes Leben verstehen. Und je nachdem, ob man den Tod als das Ende des Lebens Jesu wie jedes Menschen versteht oder die Auferstehung Jesu als den Übergang seines Lebens vom irdischen Dasein zu einem neuen Wirken, wird man sein irdisches Leben verschieden verstehen. Die Evangelisten jedenfalls haben samt der Urchristenheit Jesu Leben von seinem Tod und seiner Auferstehung her, beides als unlöslich zusammengehörig, verstanden, und davon ist auch die Erzählung seiner Geburt geprägt:
Geboren wird hier der, der an den Menschen sterben wird,

der im Widerspruch zu denen steht, denen er der »Retter« (V. 11) sein soll (»ein Zeichen, dem widersprochen wird«, sagt Simeon im Tempel, Lk 2,34) – der, mit dem die Menschen, Juden wie Heiden (wir alle, wie die Passionslieder sagen!), nichts anderes anzufangen wissen als ihn umzubringen. Das zeigt sich schon bei seiner Geburt an dem schlechten Empfang: ein Flüchtlingskind im Futtertrog, »ohne Raum« (V. 7) auf dieser Erde (bei Mt 2,14 ff die Verfolgung noch massiver in der Flucht nach Ägypten und in den Mordaktionen des Königs Herodes!). Und geboren wird hier der, dessen Tötung seine Sendung nicht zunichte machen kann, wie es sonst bei der Tötung eines Menschen der Fall ist, sondern mit dessen Existenz der Gott Israels sich so verbunden hat, daß er ihn nicht im Tode läßt, sondern ihn auferweckt und erhöht, d. h. ihn zum Sieger macht, ihn neu und unumstößlich in seine Sendung einsetzt, und dies gerade für die, die ihn getötet haben, und dies (darüber denkt besonders *Paulus* nach) gerade dadurch, daß er seine Tötung zum Segen und zur Rettung für seine Mörder verwandelt. Das besagen in unserem Text die Ausdrücke, die Jesu Sendung und Jesu Verbundenheit mit Gott bezeichnen: »Christos Kyrios, Soter« (V. 11), »Sohn des Höchsten«, König auf dem »Stuhl Davids« mit einem »Königreich ohne Ende« (Lk 1,32 f), »Sohn Gottes« (Lk 1,35).
Es ist wichtig, daß alle diese Ausdrücke *Engeln* in den Mund gelegt werden, himmlischen Boten. Es sind also nicht menschliche Erkenntnisse, Einschätzungen, menschliche Hochschätzungen, sondern im Unterschied zu menschenmöglichen Beurteilungen Jesu das den Menschen von ihnen aus nicht zugängliche Geheimnis der Wahrheit Jesu, das nur »der Vater im Himmel« offenbaren kann (Mt 16,17). Matthäus macht das in seiner Erzählung vom Bekenntnis des Petrus deutlich (Mt 16,13-23 als Einheit zu lesen!): Auf die Frage Jesu, was die Leute von ihm halten, referiert Petrus die höchstmöglichen menschlichen Einschätzungen Jesu von jüdischen Voraussetzungen aus:

Johannes der Täufer, der eschatologische Prophet Elia oder ein großer Prophet, dem Jeremia vergleichbar. Auf die Frage Jesu an Petrus nach dessen eigener Einschätzung antwortet Petrus mit Worten, die wir auch hier bei Lukas gefunden haben: »Du bist der Messias, der Sohn des lebendigen Gottes« (V. 16). Jesus preist ihn daraufhin selig und sagt: Das weißt du nicht von dir aus, das ist keine menschenmögliche Einschätzung, das ist aus Gnaden vom Himmel her gewährte Offenbarungserkenntnis.

Die Urchristenheit führt also den Unterschied zwischen der höchstmöglichen Einschätzung Jesu durch Juden, die denkbar Großes von ihm halten, wie wir es heute bei M. Buber und Schalom Ben Chorin lesen, und der Einschätzung Jesu im christlichen Glauben auf eine besondere Offenbarungstat Gottes zurück, wie es auch *Luther* in seiner Auslegung des Dritten Glaubensartikels im Kleinen Katechismus ausgesprochen hat: »Ich glaube, daß ich nicht aus eigener Vernunft noch Kraft an Jesus Christus, meinen Herrn, glauben oder zu ihm kommen kann; sondern der Heilige Geist hat mich durch das Evangelium berufen . . .«. Die urchristliche Gemeinde sagt von sich im Unterschied zu den Juden: Uns hat Gott durch den Heiligen Geist die Augen geöffnet dafür, wer Jesus in Wahrheit ist. Nur wem die Augen geöffnet werden, kann die verborgene Wahrheit Jesu erkennen und damit auch die besondere Erkenntnis des Gottes Israels gewinnen – so, wie er in Jesus endgültig sich kundgetan hat: »Niemand kennt den Sohn denn nur der Vater; und niemand kennt den Vater denn nur der Sohn und wem es der Sohn will offenbaren« (Mt 11,27).

Daraus sind zwei Schlüsse möglich, ein bedenklicher und ein evangelischer:

Die durch das Augen-Öffnen des heiligen Geistes sehend Gewordenen können sagen: Also sind die anderen blind, und wir können auf sie herabschauen oder gar sie diskriminieren als solche, die an ihrer Blindheit selber schuld sind, also verstockt. Diese Verstockung ist aber so tief, daß der sich Verstockende nicht selbst, mit »eigener Vernunft und Kraft«, sich daraus befreien und zur Erkenntnis der Wahrheit Jesu bringen kann. Die Verstockung ist ein Gefängnis, das zum Verhängnis wird. Oder soll man noch weiter gehen? Also sagen: durch Verhängnis wurde die Verstokkung bewirkt und zum Gefängnis. Paulus müht sich angesichts der Ablehnung der Christusbotschaft durch die Mehrheit seines Volkes mit solchen Gedanken: »Wen er verstocken will, den verstockt er« (Röm 9,18). Bei wem liegt die Ursache, bei wem die Folge? Das ist die alte Frage der Prädestination, mit der sich die christliche Theologie noch mehr abgequält hat als Paulus. Denn während es Paulus vermutlich bei seinen Überlegungen im 9. Kapitel des Römerbriefes um ein Barmherzig- oder Nicht-Barmherzig-Sein Gottes *innerhalb* eines menschlichen Lebens geht (vgl. die Bezugnahme auf Pharao, V. 17), bezog sich die theologische Diskussion auf das ewige Schicksal des Menschen: ewiges Heil oder ewige Verdammnis. In der christlichen Frömmigkeit lagen dann Erwählungsangst und Erwählungshochmut nahe beieinander, den Letzteren bekamen besonders die Juden zu spüren: Sie waren blind, also verstockt, also verworfen (ob nun durch eigene Schuld oder durch Gottes Vorherbestimmung); wir Christen aber sind sehend. So zeigen es die berühmten Statuen vom Straßburger Münster: die stolze, klare und geradeausblikkende Ecclesia (Kirche) und die Synagoge, gesenkten Hauptes, mit der Binde über den Augen.

Sollte das die zutreffende Beschreibung der Situation sein, in der wir, Christ und Jude, uns hier gegenüber sitzen? Daß man damit auf der falschen Bahn ist, zeigt schon eine einfache Überlegung: Nach dem Neuen Testament ist das Geöffnet-Werden der Augen eine besondere Gnade Gottes. »Der Glaube ist nicht jedermanns Ding« (2 Thess 3,2); »Den Weisen und Klugen hast du dies verborgen und hast es den Unmündigen offenbart« (Mt 11,25); der gekreuzigte Messias ist »den Juden ein Ärgernis und den Griechen eine Torheit« (1 Kor 1,23). Der »kleinen Herde« (Lk 12,32) wird sichtbar gemacht, was die Welt nicht kennen kann (vgl. Joh 14,17) und was »Fleisch und Blut« nicht aufdecken können (Mt 16,17). Jetzt aber steht die große Mehrheitsreligion der Christen der kleinen Religionsgruppe der Juden gegenüber. Sollte es sich wirklich so verhalten, daß Gott dieser Menschenmasse von Christen die Augen geöffnet hätte und nur den wenigen Juden nicht? Und spricht der Vergleich der Lebenspraxis dafür, daß in diesen zwei Jahrtausenden die Christen die mit den sehenden – nämlich die Wahrheit Gottes und seines Reiches sehenden, vom heiligen Geist erleuchteten – Augen gewesen wären und die Juden die für Gott Blinden und Verstockten? Oder hat nicht umgekehrt diese Vorstellung: »Wir sind die Sehenden, die anderen sind die Blinden«, »wir stehen im Heil, die anderen sind verworfen«, eine ganz unevangelische Praxis zur Folge gehabt: Besitzerstolz, Mißachtung der Andersdenkenden, entweder hartnäckiger Bekehrungseifer oder verächtliche Abkehr, in beiden Fällen Triumphalismus und Dialogunfähigkeit?

Die unterschiedliche Sicht Jesu kann also zweierlei sein: einmal eine verschiedene Dogmatik, verschiedene Lehraussagen über Jesus, hier die Christologie der christlichen Kirche, dort die bescheideneren Aussagen, mit denen Juden heute für Jesus als ihren Bruder und als Propheten ihres Volkes dankbar sind. Zum anderen die Erfahrung, die damals einige Juden an Jesus gemacht haben und seither immer wieder, mehr in den Völkern, weniger bei den Juden, eine Erfahrung, die sie als vom Geist geschenkt bezeichnen und die sie veranlaßt, ihre irdische und ewige Existenz auf diesen Jesus zu stellen, ihn viel enger als andere Menschen mit Gott zusammenzusehen und ihn aller Welt auszurufen und zuzurufen als den alles wendenden Besuch Gottes bei den Menschen. Diese Erfahrung – die Ostererfahrung – steht hinter der kirchlichen Christologie; aber der Besitz dieser kirchlichen Lehre, ihre Bejahung und Darlegung ist noch nicht identisch mit dieser Erfah-

rung. Daß sie auch unsere Erfahrung werde, d. h. daß sie uns ergreife und unser Leben ganz bestimme, darum bitten wir Christen, wenn wir um die Gabe des Glaubens bitten – was wir ja täglich neu tun müssen. Denn Glauben heißt eben nicht, eine Lehre für wahr halten, sondern auf diesen Jesus als das authentische Wort Gottes im Leben und im Sterben das ganze Vertrauen zu setzen.
So handelt es sich nicht um das Gegenüber der Lehren von zwei verschiedenen Religionen, Judentum und Christentum, sondern um das Gegenüber zweier verschiedener Bekenntnisse, in denen Menschen aussprechen, wie sie zu Jesus stehen, und die stehen sich *heute* gegenüber, nicht zunächst als die Bekenntnisse der Christen und der Juden, sondern als Bekenntnisse von Juden und Juden: die Juden damals, die das Neue Testament geschrieben und der griechisch-römischen Welt die Botschaft vom Messias Jesus als Retter der Welt gebracht haben – und die Juden heute, die wie wir alle diese Botschaft vernehmen, dadurch wie wir alle diesen Juden Jesus von Nazareth und sein Geschick kennenlernen und – wie wir von Pinchas Lapide, Schalom Ben Chorin, Martin Buber u. a. hören – dankbar werden für die große Gabe Gottes in diesem Menschen für Israel und alle Menschen, ohne jedoch jene außerordentlichen Aussagen der neutestamentlichen Juden mitsprechen zu können. Nicht unsere Religionszugehörigkeit, nicht unser Taufschein entscheidet darüber, welche der beiden Jesus-Bekenntnisse wir wirklich (nicht nur scheinbar, nämlich nur wegen der Tradition, in der wir stehen) als unser Bekenntnis mitsprechen können. Nicht unsere Argumente, nicht unsere christliche Sozialisation, der wir verdanken, daß wir jetzt hier als eine große Masse von Christen den wenigen Juden gegenüber sitzen. Mein Vorschlag ist vielmehr: Lassen wir uns einmal ganz heraus aus diesem Gegenüber der zwei verschiedenen jüdischen Jesus-Bekenntnisse und hören wir gespannt zu, was sie einander zu sagen haben – in dieser Stunde also, was das urchristliche Jesus-Bekenntnis sagt (das wir in unserem Text freilich

nicht direkt aus jüdischem Munde hören, sondern aus dem griechischen Munde des Nichtjuden Lukas, aber doch in den entscheidenden Worten einig mit dem Bekenntnis der ersten Christen, die Juden waren).
Damit vermeiden wir jene unevangelische Haltung, mit der wir uns über andere erheben, als seien wir die Sehenden und sie die Blinden. Dann verlangen wir von anderen, also von den Juden, nicht ein christliches Jesus-Bekenntnis, als läge das in ihrer »Vernunft und Kraft«, wo doch das Neue Testament selbst sagt, daß es nicht eine menschenmögliche, sondern eine je und je diesen und diesen Menschen vom »Vater im Himmel« durch den Heiligen Geist geschenkte Erkenntnis ist. Wir vermeiden damit also die Verwandlung des Evangeliums in ein Gesetz, wie sie jahrhunderte lang überall da betrieben wurde, wo man den Juden und anderen Menschen (Heiden, Atheisten usw.) das Evangelium präsentierte mit der Drohung, wenn sie ihm nicht glaubten, seien sie verdammt. Wir vermeiden auch, daß wir uns gegenübertreten wie Konkurrenten, die verschiedene Waren anzubieten haben, nämlich ihre Lehren, die sie dem Käufer empfehlen und die sie rühmen in einem Lehrvergleich: Meine Lehre ist schöner und erfreulicher oder ernster und tiefer oder der Wirklichkeit und der Vernunft gemäßer. Und schließlich: wir vermeiden den gefährlichen Irrtum, es handle sich bei unserem Verhältnis zu Jesus nur um eine Kopferkenntnis, wogegen das Entscheidende in dem Verhältnis zu Jesus, das jene neutestamentlichen Juden bekennen, doch die Nachfolge ist, also eine Lebensveränderung, und zwar das »Verwachsen«, wie Paulus sagt (Röm 6,5), unseres Lebens mit dem Leben Christi, und das Leben Christi ist ein Leben des Dienstes für andere.
Das eben ist das Unevangelische an jener ersten Schlußfolgerung, von der ich gesprochen habe: Dort wird im Namen Jesu etwas verlangt von den anderen Menschen, nicht Jesus zu ihnen gebracht als große Hilfe und Freude; dort wird gedroht, statt zu erfreuen; dort steht man über den Anderen als Besitzer und Privilegierte statt unter den Anderen

als Diener; dort will man die Anderen geistig beherrschen, statt sie mit ihrem Anderssein der ihnen in Jesus zugewendeten Liebe Gottes anzuvertrauen; dort will man die Juden zu Christen machen, statt ihnen, auch mit dem eigenen Christsein, eine Hilfe fürs rechte Judesein, für das Leben eines »rechten Israeliten, in dem kein Falsch ist« (Joh 1,47) zu werden; dort ist man nur Lehrender und nicht zugleich auch Lernender.

Es muß uns doch, wenn wir unserem Gott trauen, der sich uns von Israel her und als der Gott Israels zu erkennen gegeben hat, nachdenklich machen, daß heute die Juden, nachdem sie 2000 Jahre lang unser christliches Jesus-Bekenntnis gehört haben, immer noch ihr jüdisches Jesus-Bekenntnis sprechen – heute in positiverer Weise, als sie es lange zu tun vermochten, weil sie durch die Unchristlichkeit der Christen gehindert waren, Jesus so positiv zu sehen, wie es Petrus von dem, was die Leute über Jesus sagen, berichtet. Das muß uns doch veranlassen, dem Nein zu unserem christlichen Jesus-Bekenntnis, das im jüdischen Jesus-Bekenntnis auch enthalten ist, ernsthaft zuzuhören, es zu bedenken mit der Frage, was der Gott Israels, unser gemeinsamer Vater, uns für unser Jesus-Bekenntnis dadurch sagen will. Während das christliche Jesus-Bekenntnis, das wir hier von Lukas hören, ausgeht von dem Jubelruf der Urgemeinde, der ersten Auferstehungszeugen, die Juden waren: »Der Herr ist auferstanden!«, hören wir die anderen Juden bis heute antworten: Wir können Großes an Jesus sehen, aber nicht so Einmaliges und Weltveränderndes wie ihr. Was ihr von diesen Menschen sagt, das darf kein seinem Glauben treuer Jude von einem Menschen sagen.

Das ist ein tiefer Widerspruch zwischen den beiden Juden-Bekenntnissen und ein ständiger Gegenstand des heutigen Glaubensgespräches zwischen Christen und Juden. In dieser Stunde wird nur ein kleiner Ausschnitt dieses Glaubensgespräches sich ereignen. Unser Text gibt zuerst Anlaß, eine Aussage über Jesus zu behandeln, die für

jüdische Ohren besonders anstößig ist. Danach wollen wir bedenken, was Lukas als Zentralworte aus dem Christus-Bekenntnis der Urgemeinde vernommen hat und hier schon bei der Geburt Jesu verwendet, um Jesu Bedeutung auszusagen.
Was die Geburtserzählung anbelangt, so enthält sie gleich eine Aussage, die der jüdischen Glaubenstradition fremd ist: die *Jungfrauengeburt*. Steht sie als unüberwindliche Scheidemauer zwischen jüdischem und christlichem Glauben?
Auffallend ist, daß unser Text sie nicht enthält. Von ihr ist nicht in ihm, sondern nur im vorhergehenden Kapitel die Rede. Für historische Betrachtung ist das ein Anlaß zur Frage, ob es sich hier um zwei verschiedene, ursprünglich getrennte Überlieferungen handelt, die erst in der lukanischen Erzählung zusammengefügt worden sind.
Auffallend ist auch, daß von einer Geburt Jesu durch die Jungfrau Maria nur bei Matthäus und Lukas die Rede ist, nicht in den anderen zwei Evangelien Markus und Johannes und nicht im ganzen übrigen Neuen Testament.
Schon das weist darauf hin, daß es eine Jesus-Verkündigung in der Urchristenheit gegeben hat, die ohne die Aussage von der Jungfrauengeburt ausgekommen ist oder für die diese Aussage jedenfalls nicht wesentlich gewesen ist. Das spiegelt sich heute im theologischen Streit über die Jungfrauengeburt wider: Für die Theologen der »katholischen« Familie in der Ökumene (römisch-katholische, griechisch-katholische und anglikanische) gehört die Lehre von der Jungfrauengeburt zu den essentials der Christusverkündigung, für die Theologen der »protestantischen« Familie ist das umstritten oder von vielen bestritten. Für die ersteren gehört diese Lehre, wie man in der ökumenischen Sprache sagt, zum esse, zum Sein des christlichen Glaubens, für die letzteren bestenfalls zum bene esse, zum Wohl-Sein des christlichen Glaubens oder überhaupt nicht zu ihm. Man kann das an zwei bedeutenden evangelischen Theologen unseres Jahrhunderts zeigen, an Karl Barth und

Emil Brunner. Karl *Barth* hielt es für ein Zeichen der modernistischen Degeneration der protestantischen Theologie, daß man in ihr weithin mit dem Satz: »geboren von Maria, der Jungfrau« nichts anfangen könne oder ihn leugne, und er hat seiner positiven Bedeutung tiefes Nachdenken gewidmet. Emil *Brunner,* der von Jesu Gottsein nicht weniger groß und von Jesu Menschsein nicht weniger entschieden denkt als Karl Barth, unterzieht die Lehre von der Jungfrauengeburt einer scharfen Kritik, sieht sie sogar im Widerspruch zum wahren Wunder der Menschwerdung Gottes in Jesus: »Die Lehre des Matthäus und Lukas ist eine Alternative zur Lehre vom ewigen Gottessohn und der Menschwerdung und nicht eine genauere Fassung der Lehre von der Menschwerdung« (Dogmatik, 2. Bd., 416). »An die Gottheit Jesu im Sinne der ewigen Gottessohnschaft kann man nicht wegen, sondern nur trotz der Lehre von der jungfräulichen Geburt, so wie sie bei Matthäus und Lukas selbst lautet, glauben« (aaO. 419).
Sieht man aber genauer hin, so ist der Unterschied nicht so groß, wie es zunächst scheint. Denn auch Barth betont, daß das »natus ex virgine« nicht die Sache selbst ist, sondern – ähnlich wie die Überlieferung vom leeren Grab für die Auferstehung – ein Zeichen für die Sache, also nicht ein Wunder, mit dem das eigentliche Wunder, die Menschwerdung Gottes in Jesus Christus, steht und fällt, sondern sozusagen ein Mirakel als Vorzeichen vor dem Wunder, ein Ausrufezeichen, das uns auf das eigentlich Besondere an Jesus, das unabhängig davon besteht, aufmerksam machen soll. Deshalb meditiert Barth zwar über die Bedeutung dieses Wunderzeichens, insistiert aber nicht auf seiner Historizität. Und ebenso kann umgekehrt auch Brunner (aaO. 421) dem Anliegen dieses Lehrstücks gerecht werden: es will, wenn auch auf eine ungeschickte, kritisierbare Weise, hervorheben, daß noch mehr, als es die Propheten (zB. Jer 1,5; Jes 49,5) und Paulus (Gal 1,15) von ihrer Erwählung im Mutterleibe sagen, Jesus nicht erst nachträglich zur Offenbarung Gottes erwählt wird, daß seine Sen-

dung als Sohn Gottes nicht erst nachträglich zu seiner Existenz als Mensch hinzukommt, sondern seiner Existenz vorausgeht: er wird Mensch, er wird als Mensch existieren, weil Gott ihn zu seinem »erstgeborenen Sohn« (Röm 8,29) bestimmt und mit diesem Menschen wie mit keinem anderen Menschen sich verbunden hat. Darum ist dieser Jesus nicht ein Produkt Israels, dessen Israel sich rühmen könnte, wie die Völker ihrer großen Männer sich zu rühmen pflegen. Israel verdankt Jesus nicht sich selbst, es hat ihn nicht hervorgebracht; es verdankt Jesus ganz allein Gott, der ihn allein hervorgebracht hat – noch mehr ganz allein, als wir anderen durch ihn als unseren Schöpfer hervorgebracht worden sind.

Dies alles aber läßt sich unabgeschwächt auch ohne das »natus ex virgine« sagen und gilt unabgeschwächt auch dann, wenn Jesus, wie ich meine, und wie es die Betonung der Abstammung von David durch Joseph doch voraussetzt, das natürliche Kind des Joseph von Nazareth gewesen ist. So hat die Geschichte von der Jungfrauengeburt eine symbolische, zeichenhafte Bedeutung, nicht aber eine historische, und man kann sie, wie Lapide es tut, auf hellenistische Einflüsse zurückführen. Der Jude kann sagen, sie sei ihm von seiner biblischen Tradition her unannehmbar, ohne daß er deswegen schon die eigentlichen Christus-Aussagen bestreiten müßte.

V

Was aber ist nun das eigentliche Weihnachtswunder? Denn ohne Zweifel will unser Text von einem Wunder erzählen, also wie das ganze Neue Testament von dem einen gleichen Wunder, und nicht aus Wunderfeindlichkeit habe ich die historische Tatsächlichkeit als unwesentlich hingestellt und sie außerdem für meine Person bestritten, sondern um das eigentliche Wunder hervorzuheben. Für das ganze Neue Testament ist Jesus von Nazareth selber die große Wundertat Gottes. Die Bibel kennt ja nicht unseren Begriff: Wunder = Durchbrechung von Naturgesetzen. Wo in den

deutschen Bibelübersetzungen das Wort »Wunder« gebraucht wird, stehen im Urtext Worte, die genauer mit »Zeichen« oder »Außerordentlichkeiten« oder »Krafttaten« zu übersetzen sind.
Jesus: eine, die große Hilfstat Gottes für Israel und die Menschheit – das ist der Inhalt des Neuen Testaments, und als das will ihn schon diese legendäre Geschichte seiner Geburt charakterisieren. Daraufhin muß man alle ihre einzelnen Züge verstehen und daraufhin besonders auch alle Aussagen über diesen neugeborenen Menschen. Diese Aussagen in Kapitel 1 (bei der Engel-Ankündigung) und in Kapitel 2 sind nicht Beschreibungen einer Beschaffenheit, die er an sich besitzt – so etwa, wie wir einen Menschen durch allerlei Personalangaben beschreiben: Fritz Maier, geboren in Bückeburg, mittelgroß, Sohn eines Finanzbeamten, braunes Haar, blaue Augen. Jesus, geboren in Bethlehem, Wohnort, Nazareth, zur David-Sippe gehörig, im Futtertrog und in Windeln, Sohn Gottes – wir spüren schon: »Sohn Gottes« meint etwas anderes als: Sohn eines Finanzbeamten oder auch als: Sohn des Zimmermanns Joseph. »Gott« ist hier in anderem Sinne Vaterangabe als die Nennung eines irdischen Erzeugers. Durch die Legende von der Jungfrauengeburt wird dieser Unterschied – hier scheint mir E. Brunner recht zu haben – tatsächlich eher verdunkelt als verdeutlicht, obwohl ihr Anliegen die Verdeutlichung ist. Wir vermeiden das Mißverständnis einer biologischen Erzeugung Jesu durch Gott den Vater, analog zur Erzeugung des Herkules durch Zeus, also das biologisch-mythologische Mißverständnis, wenn wir den Titel »Sohn Gottes« ebenso wie die anderen Angaben der Geburtsgeschichte verstehen als bedeutungsvolle Angaben, als Charakterisierungen der Bedeutung dieses einen Menschen, als Hinweise auf *Jesus als Tat Gottes,* als Rettungstat Gottes für Israel und die Menschheit.

In Jesus wird Gott tätig – und zwar tätig als der »Retter, der will, daß allen Menschen geholfen werde und sie zur

Erkenntnis der Wahrheit kommen« (1 Tim 2,3 f). In Jesus wird Gott tätig als Erfüller der Israel gegebenen Verheißungen. Was Jesus tut, das ist Tat Gottes; was Jesus sagt, das ist Wort Gottes; was Jesus leidet, das leidet Gott; was Jesus angetan wird, das wird Gott angetan. In Jesus kommt Gott zur Welt, der Schöpfer zu seiner Schöpfung, der Gott Israels zu seinem Volke Israel. Gott kommt zur Welt im doppelten Sinne dieses Satzes: Gott kommt zu uns – und: Gott kommt zur Welt, wie wir von einem Kind sagen: es ist zur Welt gekommen. Gott kommt zur Welt im Sinne des Zacharias: »Gott hat besucht und erlöst sein Volk« (Lk 1,68), und: Gott wird Welt, ein Stück Welt, zur Welt kommend, wie ein Mensch zur Welt kommt, im Leib seiner schwangeren Mutter, durch menschliche Geburt, ein hilfloser Säugling, Kind obdachloser Eltern, obdachlos bleibend, zuletzt zu Tode gemartert von den Menschen. Daß er so zur Welt kommt, daß er so identisch wird mit der Welt, so ausgeliefert an die Welt, so an der Welt sterbend – das ist gemeint mit »Sohn Gottes«, das ist die Tat Gottes in Jesus; das ist es, wofür jenen Juden inmitten aller anderen Juden, wie sie sagen, durch die Gnade Gottes die Augen aufgegangen sind.

VI

Dieses Menschenleben, im Elend beginnend, im Elend endend, soll die Erfüllung der Verheißungen des Gottes Israels an sein Volk sein? Unglaublich ist das für die dann zu Jesus Ja-Sagenden nicht weniger als für die die Jesus-Botschaft ablehnenden Juden. Kein Wunder, daß die ersten Christen ihren Jesus-Glauben auf ein besonderes Tun des heiligen Geistes und nicht auf ihre eigene Vernunft zurückführten. Sie drückten damit aus, daß sie gut verstehen konnten, wenn jemand ihr Ja zu Jesus nicht teilte. Das Nein zur Ausrufung Jesu als der großen Rettungstat Gottes ist verständlicher als das Ja dazu. Nicht-Glauben ist verständlicher als Glauben. So war es damals schon, so ist es heute – und heute erst recht, nachdem die Weltgeschichte unverändert und unerlöst weitergegangen ist und gerade im christlichen Teil dieser Weltgeschichte die Entsetzlichkeiten weiter praktiziert worden sind bis zu ihrem Höhe- oder Tiefpunkt in Auschwitz, im Judenmord und in den weiteren Völkermorden seither bis zur gegenseitigen Androhung des atomaren Holocaust heute. Das Nicht-Glauben liegt uns näher als das Glauben. Zuerst mit diesem Eingeständnis muß heute auch ein christlich jüdischer Dialog über die Jesus-Botschaft des Neuen Testaments beginnen, nicht mit der Behauptung eines christlichen Besitzes an Glaubenswissen gegenüber den Juden. Dann erst, als Nicht-Glaubende eher denn als Glaubende, hören wir zusammen mit den Juden mit großer Verwunderung, was Außerordentliches in dieser Erzählung von diesem elenden Flüchtlingskinde gesagt wird und versuchen es zu verstehen, ohne uns vorerst um die Frage zu kümmern, ob wir es glauben oder nicht.

Die Überschrift für diesen Geburtsbericht finden wir in dem Psalm, den im ersten Kapitel des Lukas-Evangeliums Zacharias, der Vater Johannes des Täufers, singt nach der Geburt seines Sohnes, deutlich schon im Hinblick auf den, der, wie Johannes später sagt (Lk 3,16), »stärker ist als ich, für den ich nicht würdig bin, ihm seine Schuhriemen aufzuknüpfen«. Der Psalm beginnt mit den Worten: »Gelobt sei der Herr, der Gott Israels; denn er hat besucht und befreit sein Volk« (Lk 1,68). *Jesus – der Besuch des Gottes Israels bei seinem Volke Israel.* Das ist die Überschrift über die Geburtsgeschichte. Mit der Geburt Jesu beginnt der Besuch Gottes bei seinem Volk, und was dieser Besuch für Israel bringt, das sagen die großen Worte, die unser Kapitel enthält. Verstehen wir Jesus von dieser Überschrift her, dann werden wir nie mehr auf den Gedanken kommen, Jesus von Israel zu trennen oder gar ihn gegen Israel zu kehren, als sei er ein Fluch für Israel. Wir werden dann davon zu sprechen haben, daß der Gott Israels in Jesus nicht nur Israel besucht, sondern in Israel alle Menschen.

Aber wir haben ebenso ernst zu nehmen, daß er nicht irgendwo, sondern in Israel zur Welt kommt und dadurch Israels Sonderstellung, die Erwählung Israels, bestätigt, bevor er sich von Israel aus zu allen Menschen wendet.
Das Wort »Besuch« drückt aus, daß es sich um ein erfreuliches Ereignis handelt, um ein freundschaftliches Kommen und das Wort »befreien«, »erlösen«, das hinzugefügt wird, sagt, daß ein Freund kommt, der seinen Freunden, »seinem Volke« helfen will in großer Not. Das Wort »Besuch« wird von denjenigen Juden aber, die zuerst das christliche Jesus-Bekenntnis ausgesprochen haben, so radikal und konsequent verstanden, daß die anderen Juden bis heute davor zurückschrecken und fragen, ob damit nicht der Unterschied von Gott und Mensch verwischt und also die Ehre Gottes angetastet würde.

»Unseres Gottes Ehre aber ist die, so er sich um unser willen aufs allertiefste heruntergibt, ins Fleisch, ins Brot, in unsern Mund, Herz und Schoß, und dazu um unsretwillen leidet, daß er unehrlich behandelt wird, beide auf dem Kreuz und Altar«, sagt Luther einmal, wo es um seine Abendmahlslehre geht, im Kern ganz im Sinne des Neuen Testaments, und ein anderes Mal sehr kräftig:

»Der Türke spricht: Das wirst du mich nicht überreden, daß der soll ein Gott sein, der da von einem Weibe geboren wird, läßt sich herab vom Himmel legen neun Monat in den Leib Marien der Jungfrau, scheißt und pißt in die Wiegen, darnach stirbt er am Kreuz als ein Dieb und Schelm, soll das ein Gott sein?«

So radikal wird tatsächlich im christlichen Glauben der Besuch Gottes bei seinem Volke und seinen Menschen gesehen: nicht wie ein König mit allem Hoheitsschmuck eine Bauernhütte mit einem flüchtigen Besuch beehrt und dann wieder verschwindet, ohne daß ihn das irgend etwas gekostet hätte, sondern, so daß er selbst einer von denen wird, die er besuchen und befreien will, dauerhaft, ihnen ganz gleich, ganz sich mit ihnen und ihrem Geschick identifizierend und solidarisierend, ja mehr noch, sich den

Untersten gleichstellend, den Sklaven, »bis zum Tod, ja bis zum Sklaventod am Kreuz« (Phil 2,8). Die das aussprachen, haben nicht geringer von Gott gedacht als die anderen; aber nun mußten sie angesichts des Kreuzes und der Auferstehung dieses Gottesboten Jesus noch größer von Gott denken. Sie mußten Gott und diesen seinen Boten Jesus ganz zusammensehen, unlöslich miteinander verbunden, Gott gegenwärtig in diesem seinen Boten, »Immanuel« = Gott mit uns in unaufhaltsamer Konsequenz: Jesus ist die Gegenwart der Gnade Gottes bei Israel und bei den Menschen. Das hebräische Wort, das Luther mit Gnade zu übersetzen pflegt, kann auch mit Solidarität übersetzt werden. Dann heißt Menschwerdung Gottes und Besuch Gottes: Gott wird bis zur letzten Konsequenz solidarisch mit Israel und mit uns allen. Darum ist schon Jesu Geburtsgeschichte Evangelium, Freudenbotschaft.

Der Engelruf spricht nicht nur eine Freude aus, wie wir sie sonst bei einer jungen Mutter über ihr Neugeborenes kennen; er ruft Freude aus, die »allem Volke widerfahren wird«.
»laos« hat im Neuen Testament dreierlei Bedeutung: 1) Israel (Lk 1,68); 2) die Kirche aus Juden und Heiden (Apg 18,10); 3) die eschatologisch geeinte neue Menschheit (Offb 21,3). Wir vergessen über der zweiten und dritten Bedeutung allzu leicht die erste und direkteste, die Beziehung auf Israel. Jesus ist zuerst der Besuch des Gottes Israels bei seinem Volke. Wie schrecklich dem in der Christenheit zuwidergehandelt worden ist, zeigen die Verfolgungen und Bedrückungen, denen die Juden bis in unser Jahrhundert inmitten der christianisierten Völker ausgesetzt waren, im Namen dieses Jesus. Bei Pogromen in Osteuropa kam es vor, daß die christlichen Einwohner einer Stadt ihre Haustüren mit einem Kreuz kennzeichneten, damit die Mordbanden wußten, daß hier keine Juden wohnen, und dieses Haus verschonten, nicht aber die jüdischen Häuser. Der Name, der den Juden zur großen

Freude bestimmt war, ist durch die Christen, die diese Freude für sich beschlagnahmten, den Juden zu einem Fluch-Namen gemacht worden. So kehrt sich nun Auschwitz gegen uns: Wie kann man nach Auschwitz noch Christ sein? Darüber wurde beim Nürnberger Kirchentag unvergeßlich gesprochen. Nicht nur die allgemeine Theodizee-Frage erhebt sich als Widerspruch zu diesem Engelruf, sondern noch bedrängender die Leidensgeschichte der Juden inmitten der Christenheit. Das Gegenteil von großer Freude ist geschehen. Jammer, Blut und Mord hat dieser Name »Jesus« über Israel gebracht – nein, nicht dieser Name, sondern seine Bekenner. Wenn jemand die Erlaubnis verspielt hat, im Namen Jesu sich zu freuen, so sind es nicht die Juden, die ihn ablehnen, sondern wir Christen, die ihn bekennen. Es ist das Unselbstverständlichste von der Welt, es ist verwegene Hoffnung auf Gnade, hoffentlich nicht dreiste, unverschämte Hoffnung, sondern zitternde Hoffnung auf längst verspielte Gnade, wenn wir trotzdem wagen, Jesus und uns in einem Satz zusammen zu nennen, also uns Christen, Christus-Leute zu nennen, Kirchentage zu veranstalten und die große Freude auch auf uns zu beziehen, die doch zuerst den von uns Ermordeten gilt. Nicht wir wurden ja nach Auschwitz geschickt, weil wir Christen waren, sondern die Juden wurden nach Auschwitz geschickt, weil sie Juden waren, und wir haben dabei zugesehen und haben das mitvorbereitet durch Jahrhunderte langen christlichen Antijudaismus. Nirgendwo anders finden wir Jesus als bei seinen Brüdern, bei seinem Volk in Auschwitz. Ging damals in der Nazizeit unser Kirchenbetrieb weiter und geht er heute weiter, so könnte das ein Zeichen sein – nicht für unseren Glauben, sondern für unsere Verstocktheit, die die Verstocktheit der Juden, von der Paulus spricht (z. B. Röm 11,7), bei weitem übertrifft. Nur dann ist unser Kirchenbetrieb nicht Verstocktheit, wenn uns ständig in den Knochen sitzt, im Bewußtsein, in unseren Gottesdiensten, Gebeten, Theologien, daß wir die große Freude für alles Volk zuschanden gemacht haben.

Nur noch in einer »metanoia«, einer Buße und Umkehr, die bis auf den Grund unseres Denkens und Glaubens reicht, können wir hoffen, daß wider Erwarten und ohne jeden Rechtsanspruch diese große Freude immer noch sogar auch uns gilt. Sehen wir heute einen Juden, so soll es nie ohne den Gedanken geschehen: Ihm zuerst gilt die große Freude; ihm und den Seinen hätten wir nichtjüdischen Bekenner Jesu Boten der großen Freude sein sollen; statt dessen haben wir sie ihm versperrt. Ihm werden wir in Zukunft nur ganz unselbstverständlich zu Boten der großen Freude werden können, wenn wir wissen, daß wir in Gottes Augen »wilde Zweige« (Röm 11,17) sind, die ihre Wildheit auch nach der Einpflanzung in den Ölbaum noch schrecklich bewiesen haben. Wer Jude ist und als Jude sich bekennt, der ist seinem Volk und dessen Bestimmung treu, wie sehr er auch sonst ein Sünder wie wir alle sein mag. Als die Zerstörer der großen Freude, auf Gnade für uns Untreue hoffend, wagen wir, Juden von der zuerst ihnen geltenden großen Freude zu sprechen, und nehmen dies, die Hoffnung, daß wir es weiterhin dürfen, selbst als das große Zeichen der ganz unselbstverständlichen Vergebung.

Dazu ermutigt uns ein wichtiges Moment dieser Geburtsgeschichte: Der Grund für die große Freude, von der der Engel spricht, ist die Geburt des Messias: »*Christus, der Herr, in der Stadt Davids*« (V. 11). Wie bei jeder Freude, so auch hier: der Grund zur Freude ist vor der Freude da, unabhängig von ihr. Das Heil ist vor der Freude da. Nicht die Freude ist die Bedingung des Heils, sondern das Heil ist die Bedingung der Freude. Nicht der Glaube ist die Bedingung des Heils, sondern umgekehrt ist es. Christus kommt zu denen, die sich nicht freuen, damit sie sich freuen können. Er kommt in eine Welt, die ihn nicht erwartet, die schläft und in ihren Angstträumen sich wälzt und nichts ahnt von dem, was hier geschieht. Er kommt zu seinem Volk, das zwar die messianische Zeit erwartet und mit der Hoffnung darauf in seinem Elend sich tröstet, das aber jetzt schläft wie alle Welt und nichts ahnt von dem Besuch, der ihm jetzt zuteil wird. Zuerst handelt Gott, und dann wir, das ist die biblische Reihenfolge. Zuerst liebt Gott, und dann und daraufhin lieben wir. Zuerst kommt die Gnade, und dann und daraufhin entstehen bei uns Glaube, Liebe, Freude.

Wieso aber ist Jesu Kommen Grund der großen Freude für Israel und die ganze Menschheit? Das mag für manchen unter uns die bedrängendste Frage sein, gerade nach diesen zweitausend Jahren unverändert weitergehender Menschheitsgeschichte und heute erst recht angesichts ungeheurer Menschheitsgefahren und gerade im Blick auf das jüdische Leiden in diesen Jahrhunderten bis Auschwitz. Wem diese Frage die Lust nimmt, weiterhin freudige Weihnachtslieder zu singen, der ist vielleicht besser darauf vorbereitet, noch einmal bei unserem Text anzufragen, als der, der darauf die üblichen christlichen Antworten bereit hält, als sei alles schon klar. Gar nichts ist klar, es ist eine große Rätselfrage, und wir müssen froh sein, wenn wir uns gegenseitig ein wenig dabei helfen können durch das Entdecken von Hinweisen, die wir hier finden.

In Jesus kommt Gott zur Welt, haben wir gesagt. Belehrt durch den Engelruf müssen wir fortfahren: Wenn Gott zur Welt kommt, so ist das Grund zu großer Freude. Auch das ist gar nicht selbstverständlich, und zwar gerade für den, der mit dem Worte »*Gott*« nicht irgendwelche Wunschgedanken verbindet, der dieses Wort nicht, wie Ludwig *Feuerbach* von der Religion und dem Christentum vermutet hat, mit seinen Wunschprojektionen füllt, sondern der es füllt mit dem, was Israel vom Gotte Israels gehört hat. Die Hebräische Bibel, der wir Christen den fragwürdigen Titel »Altes Testament« gegeben haben, ist ein freudiges und ernstes Buch. Sie spricht freudig *und* ernst von der Erwählung Israels. Gottes Kommen ist Freude für das gehorsame Israel, aber Gericht für das ungehorsame Israel. »Ich fürchte mich vor dir, daß mir die Haut schaudert«, sagt ein Psalm (119, 120). Wenn Gott zur Welt kommt, so kann das Tod und Verderben bedeuten. Das geht durch die ganze Bibel, durchs Neue Testament nicht weniger als durchs Alte, und so hat es kurz vor Jesu Auftreten noch Johannes der Täufer drohend ausgerufen (vgl. Lk 3,9.17).

Der Engel aber sagt uneingeschränkt, ohne eine von uns Menschen, von Israel zu erfüllende Bedingung anzugeben: Gottes Kommen ist Grund zu großer Freude. Damit ist etwas über Gott, den Gott Israels ausgesagt, etwas, was Israel bisher noch nicht so eindeutig hat hören dürfen. Damit ist gesagt: Gottes Kommen ist schlechthin erfreulich. Gott ist schlechthin erfreulich. Gott wird jetzt zu einem schlechthin erfreulichen, rundweg positiven Wort. Keine Angst ihr, die ihr Gottes Gericht reichlich verdient habt! Wenn dieser Gott kommt, dann kann man sich nur freuen.

Wieso? Das sagt das andere wichtige Wort des Engels: Gott kommt in Jesus als *»Retter«,* »Heiland«, als Rettender und Heilender. Gott hat in seiner Freiheit sich entschlossen, nur noch Liebe zu sein, nur noch Retter, und dies nicht nur für die, die ihn als Retter anrufen, sondern auch und gerade für die, die ihn nicht anrufen, für das schlafende, nichts von der Rettung ahnende Israel und für die schlafende Welt. Gott hat sich entschlossen, sein Volk zu retten. Woraus? »Aus seinen Sünden«, sagt der Engel bei Matthäus (1,21). Das heißt doch: *aus* seinem Ungehorsam, aus seiner Gottlosigkeit, die die Propheten gegeißelt haben, und *vor* den Folgen dieser Gottlosigkeit, vor seinem Gericht. Gott tritt in Jesus schützend zwischen Israel und sein Gericht. Am tiefsten hat das dann Paulus verstanden und uns dargelegt: Gott zieht sein eigenes Gericht auf sich selbst. Der Richter will es nicht besser haben als die Gerichteten. Und: der Richter kommt als Arzt, als Heiler. Das wird ja dann der Unterschied zwischen Jesus und den anderen Erneuerungsbewegungen jener Zeit, den Pharisäern und den Zeloten, sein: die Pharisäer sagten, Israels Elend sei, daß es nicht genug sich anstrengt in der Gesetzeserfüllung, und die Zeloten sagten, Israels Elend bestehe in seiner Unterwerfung unter die römische Besatzung. Jesus aber sagte: Auch wenn man all das ändert, kommt Israel nicht aus seinem Elend heraus; es leidet an einer tiefen Krankheit, von der schon die Propheten sprachen, und die nur Gott selbst heilen kann, und das will er jetzt; jetzt ist messianische Heilungszeit. Jetzt soll Frieden werden.

Auch und gerade dies ist nach Kreuz und Auferweckung Jesu, von dort her als Fazit von Kreuz und Auferstehung gesagt. Gott kommt zur Welt, und die Welt bringt ihn um. Die Welt, das sind Juden und Römer, Israel und die Völker. Bis auf den Tod, bis zum Totschlag wehren sie sich gegen Gott, alle miteinander; »es ist hier kein Unterschied; sie sind alle miteinander Sünder und ermangeln der Herrlichkeit Gottes« (Röm 3,23). Das eben hat Gott gesehen, darum kommt er zur Welt, um »sein Volk von seinen Sünden zu retten« (Mt 1,21). Eben dies bestätigen ihm die Welt, Israel und die Völker, durch den Empfang, den sie ihm bereiten: ihrer aller Sünde wird im Totschlag Gottes in seinem Sohn, diesem ihm verbundenen Menschen Jesus, diesem seinem Gesandten (Mt 21,37 f) gipfeln. Kommt am Kreuz der Gipfel menschlicher Feindschaft gegenüber Gott an den Tag, so auch der Gipfel der Freundschaft Gottes zu seinen ihm feindlichen Geschöpfen und zumal zu Israel; das wird kundgetan durch die Auferweckung Jesu. Was später die heidenchristlichen Völker ganz evangeliumswidrig zur Anklage gegen die Juden als »Gottesmörder« machten, das war zuerst für diejenigen Juden, die in Jesus den Besuch Gottes bei seinem Volke erkannten, die angstvolle Frage, was denn nun mit Israel werden solle: »Wir aber hatten gehofft, er solle Israel erlösen«, sagen die zwei Jünger von Emmaus (Lk 24,21), und sie wollen damit nicht sagen: »Leider ist er aber gescheitert«, sondern: »Unsere hohen Priester und unsere Obersten – also unsere geistliche und weltliche Führung – haben ihn dem Todesurteil überantwortet (Lk 24,20), und damit hat Israel ihn abgelehnt, und also ist Israel verloren«. Diese angstvolle Frage erfährt in Gottes Auferweckung Jesu ihre herrliche Antwort: »Ihn habt ihr ausgeliefert und vor Pilatus verleugnet, als jener das Urteil fällte, ihn freizugeben. Ihr aber habt den Heiligen und Gerechten verleugnet und begehrt, daß euch ein Mörder (Barabbas) geschenkt werde. Dagegen den Anfänger des Lebens habt ihr getötet, den Gott aus den Toten erweckte, für den wir Zeugen sind«. »Für euch hat Gott zuerst seinen Knecht bestellt und gesandt, der euch segnet, weil er euch, einen jeden, von euren Bosheiten bekehrt« (Apg 2,13-15.26). In der Auferstehung Jesu gibt sich der Gott Israels zu erkennen als der, der von den Toten erwecken kann – nicht nur diesen, sondern alle, nicht nur die Gerechten, sondern auch die Sünder, und die Sünder nicht nur zum Gericht, sondern zum Leben. Darum ist die Auferweckung Jesu gerade die Rettung für das schuldig gewordene Israel, für das »halsstarrige« (2 Mose 32,9), »ungehorsame« (Jes 30,9), »blinde« (Jes 43,8), »tolle« (Jer 4,22) Volk, »das im Finstern wandelt« (Jes 9,1) und »den Herrn nicht hören will« (Jer 7,28). Auferstehung Jesu heißt: der Gott Israels bedingungslos für Israel!

So sah es das Jesus-Bekenntnis der neutestamentlichen Juden, das ist die Wahrheit Jesu, auch wenn sie damals in der Hitze des Streites, in den sie darüber mit den anderen Juden gerieten, die Höhe dieser Erkenntnis nicht immer festhalten konnten und zu Aussagen kamen, die ein »Gott gegen Israel« enthielten – z. B. Mt 21,43: »Gottes Herrschaft wird von euch genommen und einem anderen Volke gegeben«; dann darf uns das nicht, wie es eben jahrhundertelang geschehen ist, dazu verführen, das nachzusprechen und zu verschlimmern, gegen Paulus (Röm 11,1) die Treue Gottes zu lästern und zu sagen, Gott habe sein Volk verstoßen. »Nimmermehr, das kommt nicht in Frage!«, ruft Paulus dort aus: denn »Gottes Gaben und Berufung können ihn nicht gereuen« (Röm 11,29). Eben das wird besiegelt in der Auferstehung Jesu für Israel: »Darum erkenne das ganze Haus Israel mit Gewißheit, daß Gott ihn zum Herrn und Christus gemacht hat, diesen Jesus, den ihr kreuzigtet« (Apg 2,36) – zum »Herrn und Messias« Israels, genau wie Jesus von dorther nun schon hier in der Geburtsgeschichte »Christus Kyrios« genannt wird, mit dem Vorzeichen »Retter« vor diesen Hoheitstitel, Retter für Israel.

Gekreuzigt haben ihn aber, strenggenommen, doch nicht die Juden, die diese grausamste Hinrichtungsart nicht vollzogen, da sie damals kein Recht zur Todesstrafe hatten (Joh 18,31), sondern die Römer, Pilatus und seine aus allen möglichen Völkern zusammengewürfelten Soldaten. Lukas hat eine bedenkliche Tendenz, die Römer zu entlasten und die Juden zu belasten. »Den ihr kreuzigtet« – das ist sehr verkürzt gesagt. Wir anderen, die Völker, wir waren ebenso dabei: die jüdische Führung hat es angestiftet, die römische Führung hat es ausgeführt, und die heidnischen Soldaten haben es getan. In ihren besten Aussagen haben darum die Christen nicht auf die Juden gezeigt, sondern auf sich selbst: »Ich bin's, ich sollte büßen / an Händen und an Füßen / gebunden in der Hölle« (Paul Gerhardt, EKG 64,5).

So ist dieses Flüchtlingskind durch sein Leben, Sterben und Auferwecktwerden für alle ein Diener, ein »Diener der Beschnittenen« (Röm 15,8), der Juden, und der Völker geworden: »Um seinetwillen werden die Völker Hoffnung haben« (Röm 15,12; vgl. Jes 11,10). Was ist das Ziel seines Retters? *Schalom* – ein weiteres Zentralwort der Weihnachtsgeschichte. Gar nicht umfassend und ganzheitlich genug kann es verstanden werden: Wohlsein in jeder Hinsicht. Frieden zwischen Gott und Mensch, zwischen Ewigkeit und Zeit, Einheit ewigen und irdischen Lebens, nicht mehr gestört und zerrissen von Tod und Sünde. Frieden mit sich selbst. Ja zu mir selbst, Freude am Leben, Ausgesöhntsein mit meinen Grenzen, Behinderungen und Problemlasten, die ich hier noch zu tragen habe. Frieden mit den anderen Menschen, keinen mehr als Feind sehen, wie feindlich er sich auch noch gebärden möge, keine Angst mehr vor den Menschen, Fürsorge für die Unsympathischen wie für die Sympathischen. Frieden mit Gottes Kreaturen, Natur nicht nur Verwertungsobjekt, sondern Freudengeschenk, Dankbarkeit für das Leben unserer Mitgeschöpfe, der Pflanzen und der Tiere.

Man kann den Lobgesang der Engel verstehen sowohl als eine göttliche Selbstkundgabe wie auch als die menschliche Antwort darauf. Als Gottes Ruf sagt der Engelchor: Ich, der Gott Israels, richte jetzt meine Ehre dadurch auf und suche meine Ehre darin, daß ich den Menschen Frieden verschaffe und ihnen dadurch beweise, daß ich ihnen wohlgesonnen bin. Als menschliche Antwort darauf verstanden, als Doxologie der Urgemeinde, in die wir ja in der Liturgie eines jeden Sonntagsgottesdienstes und jeder Heiligen Messe einstimmen: Unser Dank soll zu Israels Gott aufsteigen dafür, daß er Frieden brachte auf die friedlose Erde und damit die Sonne seines Wohlgefallens scheinen ließ, – ein tätiger Dank durch unser gleichgerichtetes Handeln, durch unser eigenes Friedenshoffen und -trachten.

Jesus, Jehoschua, heißt: Gott ist Hilfe – und Gottes Hilfe heißt Schalom, rundum heiles Menschenleben im Frieden mit Gott, im Frieden mit den Mitmenschen und im Frieden mit den Mitgeschöpfen. Wir können jetzt gerade nur zur Kenntnis nehmen, *daß* die Urgemeinde nach Jesu Tod und Auferstehung dieses Fazit aus seinem Leben gezogen hat – ein Fazit, das unendlich hinausgeht, über jedes Fazit, das man auch aus dem bedeutendsten Menschenleben ziehen kann: *»Große Freude«, »Retter«, »Schalom«,* so hat Gott in diesem Juden aus Nazareth sich selbst definiert; dies ist gemeint mit allem, was dieser Mensch auf Erden tun, sagen und erleiden wird; dies bringt Gott in diesem Menschen seinem Volk Israel und der ganzen Menschheit.

Wie kommt die Urgemeinde dazu, so etwas inmitten der unerlösten, ihre Unerlöstheit täglich aufs neue beweisenden Menschheit zu behaupten? Inwiefern sieht sie den

Schalom der rettenden Liebe schon wirksam? Inwiefern sieht sie die Geschichte der Menschheit, die uns doch eher eine zunehmende Unheils- und Katastrophen-Geschichte zu sein scheint, in Jesus schon positiv zum Heil entschieden? Inwiefern bekomme ich durch diesen Jesus jetzt schon in meinem todgeweihten Leben Schalom, rettende Heilung, Grund zur großen Freude? Das sind Fragen, die sich uns sofort aufdrängen. Es sind nicht nur unsere Fragen. Das Judentum hat sie den Christen, zuerst den christus-gläubigen Juden in seiner Mitte, von Anfang an gestellt, und zwar nicht als Fragen des Unglaubens, sondern als Fragen des Glaubens an die Israel gegebenen Verheißungen. Das ganze Neue Testament enthält die Antwort, die die christus-gläubigen Juden und die von ihrer Botschaft gewonnenen Heiden, wie z. B. der Evangelist Lukas, darauf gegeben haben. Viele Heiden sind dadurch gewonnen worden, wenige Juden. Das hat den Apostel Paulus unentwegt beschäftigt. Die Juden haben ihr Nein – nicht eigentlich zu Jesus, sondern zu dem, was die Christen von Jesus sagen – ausgesprochen auf Grund eines Vergleichs der ihnen gegebenen Verheißungen mit dem, was sie an Jesus und an der unveränderten Welt, aber auch am unerlösten Leben der Christen sahen und sehen.
Wir können nicht leugnen: Ihre Fragen sind immer wieder auch unsere eigenen Fragen. Das christliche Bekenntnis von Jesus von Nazareth tritt uns immer wieder ebenso befremdend gegenüber wie den Juden. Im christlich-jüdischen Dialog findet sich heute endlich dreierlei zusammen, was zusammengehört: Das Hören und Bedenken der Israel gegebenen Verheißungen und der in sie eingeschlossenen Gebote, der göttlichen Lebensweisung – das Hören und Bedenken des urchristlichen Bekenntnisses von Jesus von Nazareth als des Christus, des Messias Gottes – und unser gemeinsames Fragen nach der Wahrheit Gottes, die in beiden Offenbarungen sich kundtut, und nach unserem Leben, unserem neuen Leben, in das wir durch beide Offenbarungen übereinstimmend eingewiesen werden.

PINCHAS LAPIDE

Stellungnahme

Jungfrauengeburt, Gottessohnschaft und Inkarnation (oder Menschwerdung), diese drei theologischen Zentralbegriffe hat Helmut Gollwitzer mit Recht gestreift, obwohl sie nicht namentlich in unserem Lukastext vorkommen, wohl aber seinem Kontext entstammen und von Kirchenvätern häufig auf die lukanische Geburtsgeschichte bezogen worden sind. Auf jeden Fall gehören die drei zu den hauptsächlichen Hindernissen einer christlich-jüdischen Verständigung.
Sollte ich in der Folge unversehens auf theologische Hühneraugen treten, bitte ich schon jetzt um Verzeihung. Über gelebten Glauben läßt sich schließlich weder debattieren noch raisonieren. Ihn kann man nur als »Intimbereich« eines Nächsten akzeptieren und einfühlsam respektieren. Aber da wir alle sowohl die Vernunft als auch den Drang nach Oben in uns haben, gilt es beiden gerecht zu werden in unserer Suche nach der Wahrheit Gottes. Nicht Besserwisserei noch Rechthaberei ist mein Anliegen, sondern die paulinische Einsicht, daß »die Liebe sich an der Wahrheit freut« (1 Kor 13,6), wobei mir vollauf bewußt ist, daß ich von der ganzen Wahrheit nur einen jüdischen Zipfel zu ergreifen imstande bin.
Den aber will ich, so gut ich kann, zum Beitrag unserer dialogischen Theologie machen.
Da in der jüdischen Glaubensliteratur kein einziger Fall von Jungfrauengeburt noch göttlicher Zeugung zu finden ist, während solche Wundererzählungen zu den häufigsten Leitmotiven der griechischen Heidenwelt gehören, muß sie Lukas, der Heidenchrist, aus dem Sagengut seiner Heimat übernommen haben.
Es kann wohl kaum ein blinder Zufall sein, daß z. B. Mithras, der »Heiland« und Sonnengott der Römer, nach

dem der erste Tag der christlichen Woche noch immer Sonntag heißt, von einer Jungfrau in einer Krippe ausgerechnet am 25. Dezember geboren und von Hirten gehuldigt wurde, der Welt den Frieden versprach, nur um später gekreuzigt zu werden, zu Ostern aufzuerstehen und letztlich in den Himmel zu fahren, um nur die auffallendsten Ähnlichkeiten mit dem Christus der griechischen Evangelien zu erwähnen.

Nicht weniger verblüffende Analogien mit dem nachösterlichen Jesus finden wir im Legendenkranz um Asklepios, Herakles, Dionysos, Pythagoras und Augustus.

Die jungfräuliche Geburt Jesu, die nur bei Lukas (1,26 ff) und bei Matthäus (1,18) an je einer Einzelstelle vorkommt, scheint teils auf Prestigegründen zu beruhen, sie war der Freibrief aller orientalisch-hellenistischen Heilsbringer und Herrschergestalten seit Zarathustra, teils auf einem Übersetzungsfehler: Der Jesaia-Vers (7,14), den Matthäus (1,23) auf Griechisch zitiert, weiß im hebräischen Original nichts von einer »Jungfrau«, sondern erzählt von einer »jungen Frau«, die »einen Sohn gebären und seinen Namen Immanuel nennen« wird, was wiederum dem Engel widerspricht, der Joseph beauftragt: »Du sollst ihm den Namen Jesus geben!« (Mt 1,21). Was das »Zeichen« betrifft, das Jesaia seinem König Achas »am Ende der Wasserleitung des Oberen Teiches« in Jerusalem um das Jahr 730 vor der Zeitrechnung gab, um ihm Mut einzuflößen angesichts der beiden Könige Rezin und Pekach, die gegen Judah zu Felde zogen, so handelt es sich um einen ganz konkreten Fingerzeig, der Gottes Beistand unmißverständlich vergegenwärtigen sollte:

»Siehe, die junge Frau ist schwanger«, so sagte der Prophet zum König, indem er auf eine werdende Mutter hinwies: »Sie wird einen Sohn gebären, den sie Immanuel nennen wird!« Gemeint ist damit in der blumigen Bildersprache der Bibel, daß innerhalb weniger Monate Gottes Errettung für alle in Jerusalem so offenkundig sein wird, daß man zu Ehren der göttlichen Hilfeleistung dem neugeborenen

Knaben den Symbolnamen »Gott-mit-uns« geben würde. Mehr noch: Ehe jener (noch ungeborene) Knabe vier Jahre alt sein würde, »wird das Land verödet sein, vor dessen zwei Königen dir graut« (Jes 7,16). So verhieß Jesaia dem Achas.

Ein Zusammenhang zwischen dieser historischen Episode und der über 700 Jahre später erfolgten Geburt Jesu ist kaum ersichtlich.

Was aber ist der Zweck der imposanten, wenn auch wesentlich verschiedenen Stammbäume Jesu, die bei Lukas bis zu Adam, bei Matthäus bis zu Abraham zurückreichen, wenn beide in Joseph enden, der doch nichts mit der »jungfräulichen Geburt« seiner »Verlobten« zu tun haben durfte?

Es sei denn, wir dürfen Lk 3,38 im jüdisch-ökumenischen Sinn auslegen, demgemäß alle Nachkommen Adams, einschließlich Jesus, »Gottes Söhne« sind: »Haben wir nicht alle den gleichen Vater, hat nicht ein und derselbe Gott uns erschaffen?« (Mal 2,10).

Wie dem auch sei, feststeht, daß Markus und Paulus, die beiden ältesten Autoren im Kirchenkanon, kein Wort von einer Jungfrauengeburt ihres Heilands berichten. Im Gegenteil: Paulus legt Wert darauf, das Erdenleben Jesu durch eine ganz natürliche Geburt beginnen zu lassen. Jesus ist für ihn ein »vom Weibe Geborener« (Gal 4,4), was auf Hebräisch den Inbegriff sterblichen Menschentums zum Ausdruck bringt. Dies entspricht einer alten syrischen Handschrift, die das letzte Glied im Stammbaum Jesu mit folgenden Worten wiedergibt:

»Joseph, dem die Jungfrau verlobt war, zeugte Jesus« (Mt 1,16). Noch fehlt es an lukanischen Erwähnungen der Vaterschaft Josephs:

»Und als die Eltern das Kind Jesus (in den Tempel) hineinbrachten . . .« (Lk 2,27).

»Und sein Vater und seine Mutter wunderten sich über das, was ihm (Jesus) gesagt wurde.« So lesen wir Lk 2,33 in einigen alten Handschriften.

»Und seine Eltern zogen jedes Jahr zum Osterfeste nach Jerusalem« (Lk 2,41).
». . . blieb der Knabe Jesus in Jerusalem, und seine Eltern wußten es nicht« (Lk 2,43).
Maria, die es wohl am besten wissen sollte, sagt zu ihrem Erstgeborenen über ihren Gatten:
»Kind, was hast du uns getan? Siehe, dein Vater und ich suchen dich mit Schmerzen« (Lk 2,48).
Sogar im vierten Evangelium, dessen Christologie dem Himmel am nächsten ist, heißt es:
»Jesus, der Sohn Josephs, aus Nazareth . . .« (Joh 1,45), eine Aussage, der nirgends widersprochen wird.
Lukas ist sich der Unvereinbarkeit dieser normalen Vaterschaft mit der Jungfrauengeburt zumindest halb bewußt; denn am Anfang seiner Genealogie wirft er drei Worte ein, die entweder die Parthenogenese Lügen zu strafen scheinen oder den Stammbaum seiner Relevanz berauben:
»Als Jesus auftrat, war er ungefähr dreißig Jahre alt und war, *wie man glaubte,* der Sohn Josephs« (Lk 3,23).
»Man« waren, dem Zusammenhang getreu, nicht nur die Verwandten, Nachbarn und Freunde Jesu, sondern auch die gesamte Bevölkerung von Nazareth. Wenn all diese Landsleute des Zimmermanns und seiner Familie dreißig Jahre lang dieser Überzeugung waren, und der Heide Lukas, fünfzig Jahre nach Ostern eine ganz andere Meinung äußert, die meinem gesunden Menschenverstand widerspricht, so weiß ich ohne Zögern, wem von den beiden ich Glauben schenken soll. Umso mehr als fünf Kirchenväter aus dem 2. und 3. Jahrhundert einstimmig bezeugen, daß das ursprüngliche Judenchristentum in seiner überwiegenden Mehrheit Jesus für den leiblichen Sohn Josephs und Mariens hielt, ihn dessen ungeachtet aber als Messias Israels verehren konnte.
Was unsere Weihnachtsperikope betrifft, ist es seltsam, daß Joseph und Maria als Eltern Jesu im vollen Sinne des Wortes erscheinen, ohne daß eine Silbe von einer etwaigen übernatürlichen Geburt ihres Erstgeborenen fällt. Noch

seltsamer ist die Reaktion der Zuhörer jener Hirten, die die Engelbotschaft (Lk 2,10-11) berichten:
»Und *alle,* die es hörten, staunten ob der Rede der Hirten. Maria aber behielt alle diese Worte und bedachte sie in ihrem Herzen« (Lk 2,18-19).
Wenn aber Maria *erst jetzt* erstaunt und von der messianischen Rolle ihres Sohnes *erst nach* seiner Geburt erfährt, so scheint wohl keine vorherige Verkündigung des Engels an sie ergangen zu sein (Lk 1,26 ff).
Es sei denn, die beiden ersten Kapitel des Lukasevangeliums stammen aus verschiedenen Quellen und wurden erst später zu einer Erzählung zusammengeschmiedet. Für diese Annahme spricht die Tatsache, daß wir es in diesen Kapiteln mit zwei verschiedenen Wundertaten zu tun haben: eine hebräische, die göttliche Einwirkung benötigt, nämlich: eine alte, unfruchtbare Frau wird schwanger und bekommt ein Kind namens Johannes (der Täufer), der als leiblicher Sohn des Zacharias und der Elisabeth zur Welt kommt (Lk 1,11 ff).
Ihm folgt in großer Eile ein griechisches Wunder, das eigentlich überflüssig ist: Eine ganz normale junge Frau, namens Maria, bekommt ebenfalls ein Kind. Das hätte eigentlich vor sich gehen können, ohne Gottes unmittelbares Eingreifen zu benötigen. Denn daß Joseph im Besitz seiner Manneskraft war, bezeugen die vier Söhne und drei Töchter, die ihm seine Frau später gebar (Mk 6,3). Es handelt sich also um ein Luxus-Wunder, das nur den Zweck zu haben scheint, die Wundersucht der griechischen Leser des Lukas zu befriedigen, um Jesu Heilandsrolle theobiologisch zu untermauern.
Während das jüdische Wunder den natürlichen Ablauf einer Geburt ermöglicht, verhindert das griechische Wunder diese natürliche Menschwerdung, indem es dem Joseph sein eheliches Recht versagt, nur um den Heiligen Geist als Stellvertreter herbei zu bemühen. Hier kann man nur dem Kirchenvater Hieronymus beipflichten, der sich über die sogenannte »Überschattung« Mariens durch den Heiligen

Geist (Lk 1,35) verwunderte, da dieser Geist auf Lateinisch zwar männlich ist, aber auf Griechisch sächlich, auf Hebräisch weiblichen Geschlechtes ist.
Was einleuchtet, ist, daß jene griechische Jungfrauengeburt in Lk 1 erst entstanden ist, als die Liebe und Verehrung für den nachösterlichen Jesus das Bedürfnis erweckte, auch seiner Kindheit jenen nachträglichen Glanz zu verleihen, der ihr ursprünglich gefehlt hatte.
Und dennoch sind die meisten Christen in zwei Schulen geteilt, von denen eine, im Sinne Karl Barths, an der Wunderhaftigkeit von Jesu Geburt festhält, während die andere, eher mit Emil Brunner, an die »Normalität« seiner Geburt zu glauben geneigt ist.
Ich glaube, beide Schulen haben im Grunde Recht – im Sinne der frommen Chassidim, die jede Geburt eines Knaben als Wundertat Gottes erachten und als messianisches Ereignis zugleich: Wer weiß? Vielleicht wird dieser Neugeborene noch in unseren Tagen zum Erlöser heranwachsen?!
Und das mit gutem Recht.
Denn was immer in Mythen und Sagen an Außerordentlichem, was selbst in der Bibel an Wundern erzählt wird, scheint glanzlos, gemessen an der Geburt eines Kindes, wie sie tausend – und abertausendfach geschieht. Wir bilden uns ein, wir könnten es ergründen, wenn wir beschreiben können, wie ein Mensch entsteht: Reduktionsteilung der Erbmasse, Befruchtung und Verschmelzung von Samen und Eizelle mit ihren Chromosomen, das Embryo wächst – und der Wortschwall verschüttet uns die Sicht für das unfaßbare Wunder, vor dem all unsere Menschenweisheit verstummt.

Schön und gut, so mögen nun die Theologen einwenden, aber glauben sie auch an Wunder als ein göttliches Eingreifen, das den Naturgesetzen entgegenwirkt?
Sicherlich!
So wird jeder fromme Jude erwidern: »Sollte dem Herrn

etwas unmöglich sein?« (1 Mose 18,14). Und dennoch geht die Hebräische Bibel Jesu sehr sparsam mit den Machttaten Gottes um, während der Psalter nicht müde wird, die Wunder des weltlichen Alltags zu besingen. Wie dieser nur scheinbare Zwiespalt versöhnt werden kann, bezeugt eine berühmte Talmuddebatte über das Wunder der Spaltung des Roten Meeres beim Auszug der Kinder Israels aus Ägypten.

»Ich glaube nicht daran«, so wagte einer der Talmudmeister einzuwerfen. Auf die erstaunte Gegenfrage seiner Kollegen erklärte er, es habe sich nach seiner Meinung um die Ebbe gehandelt, die es den Israeliten ermöglichte, das Schilfmeer trockenen Fußes zu durchwaten, während in der darauffolgenden Flut Ägyptens Rosse und Reiter ganz naturgemäß ertrunken seien.

Alles andere sei lediglich fromme Nachdichtung und sonst nichts. Aus der Debatte, die hierauf entbrannte, schälte sich schließlich folgende Lehrmeinung heraus: Falls Rabbi Samuel Recht haben sollte, was keineswegs als gesichert gelten kann, so wäre das Wunder noch viel größer. Denn dann bedurfte es gar keines göttlichen Eingreifens in die von Gott gegebene Naturordnung, um das Volk Israel aus der Knechtschaft zu erlösen. Ebbe und Flut waren eben so »vorprogrammiert« worden, daß sie im normalen Lauf der Dinge das Heilsvorhaben Gottes fördern konnten.

Derselben Tendenz entsprechend meinte ein anderer Rabbi, Gott habe schon bei der Schöpfung ein Bündnis mit dem Schilfmeer geschlossen, das es zur Spaltung für Israel verpflichtete. Ebenso wurden Sonne und Mond bei der Erschaffung beauftragt, für Josua stillzustehen; den Raben wurde befohlen, Elia zu nähren; an das Feuer erging der Schöpfungsauftrag, die drei Jünglinge, Chanania, Mischael und Asaria nicht zu versengen, und dem Walfisch wurde eingeschärft, Jona heil und unversehrt ans Land auszuspeien.

Könnte dasselbe Prinzip der Gott-gewollten Natürlichkeit nicht auch für Jesu Geburt geltend gemacht werden?

Was wider-natürliche Wundertaten betrifft, hat das nachbiblische Judentum eine fast intuitive Mirakelscheu bekundet, die u. a. in folgender Talmud-Anekdote zum Ausdruck kommt:
»An jenem Tage (einer heftigen Debatte über eine zweideutige Schriftauslegung) brachte Rabbi Elieser alle Einwendungen der Welt vor. Aber sie nahmen diese nicht von ihm an. Er sagte zu ihnen: Wenn die geltende Norm meiner Meinung entspricht, so wird es dieser Johannisbrotbaum beweisen. Da rückte der Johannisbrotbaum hundert Ellen weit von seinem Ort, andere sagen: vierhundert Ellen.
Sie sagten zu ihm: Von dem Johannisbrotbaum bringt man keinen Beweis. Wiederum sagte er zu ihnen: Wenn die geltende Norm meiner Meinung entspricht, so wird es dieser Wasserlauf beweisen. Da zog sich der Wasserlauf zurück. Sie sagten zu ihm: Von dem Wasserlauf bringt man keinen Beweis. Wiederum sagte er zu ihnen: Wenn die geltende Norm meiner Meinung entspricht, so werden es die Wände des Lehrhauses beweisen. Da neigten sich die Wände des Lehrhauses, um einzustürzen. Da bedrohte sie Rabbi Jehoschua und sagte zu ihnen: Wenn Gelehrte miteinander um die richtige Norm ringen – Ihr da, was mischt Ihr Euch da ein?! Sie stürzten nicht ein, wegen der Ehre Rabbi Jehoschuas, und sie richteten sich auch nicht auf, wegen der Ehre Rabbi Eliesers. Und noch immer stehen sie geneigt. Wiederum sagte Rabbi Elieser zu ihnen: Wenn die geltende Norm meiner Meinung entspricht, so werden Sie es vom Himmel her beweisen. Da ging eine Himmlische Stimme hervor und sprach: Was habt ihr mit Rabbi Elieser? Die geltende Norm ist auf jeden Fall, wie er sagt. Da stellte sich Rabbi Jehoschua auf seine Füße und sagte: Nicht im Himmel ist sie! (5 Mose 30,12), was bedeutet: Nicht im Himmel ist die Tora; denn die Weisung wurde schon am Berge Sinai den Menschen gegeben.
Wir kümmern uns daher nicht um eine himmlische Stimme; denn in Deine Weisung hast Du ja geschrieben: Sich zur Mehrheit neigen (2 Mose 23,2). Rabbi Nathan traf kurz

darauf den Propheten Elia und fragte ihn: Was tat der Heilige, gelobt sei Er, in jener Stunde? Er sagte zu ihm: Er hat gelächelt und gesagt: Meine Söhne haben mich besiegt, meine Söhne haben mich besiegt« (Baba Mezia 59a-b).

Von den vielen subtilen Lektionen, die hier zwischen den Zeilen erteilt werden, ragt vor allem der heilsame Dämpfer gegen die Wundersucht hervor – gefolgt von der Vorstellung eines väterlichen Gottes, der Freude hat am Mündigwerden seiner Kinder, die ihr Leben frei und vernünftig, der Tora gemäß, zu gestalten wissen.

Das Fazit liegt nun auf der Hand: Das Judentum verneint die Möglichkeit der Wunder keineswegs, aber es zieht einen Glauben vor, der feinfühlig genug ist, um über das Wunder dieser Welt nie ganz hinwegzukommen. Ein Glaube, dem das Mysterium des Kreislaufs alles Lebens genügt, und hinter dem »normalen« Lauf der Dinge eine höhere Fügung zu erahnen. Als man Albert Einstein die Gottesfrage stellte, lautete seine Antwort: »Ich kann mich nicht freimachen von der großen Bewunderung, die mich stets aufs neue ergreift, so oft ich mich in die Gesetzlichkeit der Natur versenke. Das bloße Vorhandensein der überwältigenden Gesetzlichkeit ist eine Wundervision, die einer ständig sich erneuernden Offenbarung gleichkommt.«

Ganz in diesem Sinne sagen wir auch Dank in unserem täglichen Gebet: »Wir danken Dir, unser Gott, für Deine Wunder, die jeden Tag bei uns sind, und für Deine Wohltaten und Wunderwerke zu jeder Zeit: Abends und Morgens und Mittags.«

So kann auch ich die Geburt Jesu als Gott-gewolltes Wunder erachten, ohne mirakulöse Überzuckerung zu benötigen. Das scheint mir nicht weit entfernt zu sein von Helmut Gollwitzers Einstellung zur Jungfrauengeburt: »Jesus ist unser König und Sohn Gottes, auch ohne seine wunderbare Geburt. Er wäre es auch als der leibliche Sohn Josephs« (Die Freude Gottes, Gelnhausen/Freiburg 1979[9], 19).

Das bringt uns zur zweiten christlich-jüdischen Wasserscheide: die Gottessohnschaft Jesu von Nazareth, die als Schulbeispiel für die Binsenwahrheit gelten darf, daß, wenn zwei dasselbe sagen, es keineswegs dasselbe besagen muß.

Auf griechisch, der Muttersprache des Lukas, besagt: »hyos thou Theou« entweder eine biologische Abstammung von Gott, was für jüdische Ohren krasse Blasphemie ist, oder ein Politikum, das so gut wie jeder Machthaber im Altertum beanspruchte, um durch diesen Titel sein Königtum als »von Gottes Gnaden« zu legitimieren.

Mit dichterischer Freiheit bezieht hingegen die Hebräische Bibel den Ausdruck »Gottes Söhne« nicht nur auf Engel (1 Mose 6,1 ff; Ijob 1,6 und Ps 89,7) und auf das Volk Israel in seiner Gesamtheit (5 Mose 14,1-2; Jes 1,2; Jer 3,12 ff; Hos 11,1 etc.), dessen kollektive »Sohnschaft« auch Paulus (Röm 9,4) zu den unwiderruflichen Gnadengaben Gottes zählt, sondern auch auf zwei Gruppen von Sterblichen, die besondere Gottesnähe beanspruchen dürfen: als Würdetitel für den König Israels, vor allem David, und als Lob für den Tora-treuen gerechten Juden.

So kündet Gott dem König David durch Nathan, den Propheten: »Ich will ihm Vater sein, und er soll mir Sohn sein« (2 Sam 7,14). So lesen wir auch in den Psalmen Davids: »Du bist mein Vater, mein Gott, und die Zuflucht meines Heils« (Ps 89,27).

Nicht weniger als neunmal wird im Neuen Testament auf folgenden Psalmvers angespielt:

»Der Herr hat mir gesagt: mein Sohn bist du; heute habe ich dich gezeugt« (Ps 2,7). Es ist die einzige Stelle im jüdischen Kanon, in der von einer göttlichen »Zeugung« die Rede ist, wobei die Vokabel »heute« in bezug auf den Krönungstag eines erwachsenen Königs David den wörtlichen Sinn des Zeitworts Lügen straft.

Um die »Buchstabilisten«, wie Martin Luther die frommen Wortklauber nennt, mit ihrer eigenen Wörtlichkeit zu widerlegen, bedarf es lediglich einer Stelle aus dem Buche Rut: »Isai aber zeugte David« (Rut 4,22), die Matthäus wörtlich übernimmt (Mt 1,6), um zu beweisen, daß der Gründer der alten Königsdynastie auf ganz natürliche Weise zur Welt gekommen ist.

Wie unwörtlich diese »Zeugung« zu nehmen ist, belegt u. a. der vierte Evangelist: »Jeder, der glaubt, daß Jesus der Messias ist, ist aus Gott gezeugt« (Joh 5,1), was haargenau der rabbinischen Idee der geistigen Wiedergeburt aus dem Glauben entspricht: »Gott spricht (am Sinai): Kinder! Ich betrachte euch, als seid ihr heute von mir geschaffen worden; als hätte ich euch heute neu gezeugt« (Midrasch Wajikra Rabba XXIX).

Am häufigsten jedoch erscheint der »Sohn Gottes« im jüdischen Schrifttum, um den frommen gottesfürchtigen Juden zu beschreiben: »Seid Kinder (Söhne) des Herrn, eures Gottes!« (5 Mose 14,1), so ermahnt Moses das Volk, dem er die Bundesordnung vorträgt.

»Mit Weinen kommen sie (die Söhne Israels), doch tröstend geleite ich sie . . ., denn Israels Vater bin ich, und mein Erstgeborener ist Ephraim«, spricht Gott (Jer 31,9).

»Der Gerechte ist ein Sohn Gottes«, betont das Buch der Weisheit des Jesus Sirach (2,18).

»Geliebt sind die Israeliten, daß sie Söhne Gottes genannt werden,« sagt Rabbi Akiba (Abot III,18).

Unmißverständlich leuchtet immer wieder der wesentliche Unterschied auf: Während in den Kulturen des Heidentums die Gottessohnschaft biologisch mit der Geburt beginnt, kann man im Judentum nur ein »Sohn Gottes« *werden,* indem man dem Vater im Himmel Nachfolge leistet, seine Tora zur Lebensregel macht und alle Schranken der Nächstenliebe aufhebt.

Ganz in diesem hebräischen Sinn predigt Jesus: »Selig sind die Friedensstifter; denn sie werden Söhne Gottes heißen« (Mt 5,9).

»Tut Gutes und leihet, ohne etwas zurück zu erwarten . . . und ihr werdet Söhne des Höchsten werden« (Lk 6,35).

»Liebet eure Feinde und betet für sie . . . damit ihr Söhne eures Vaters im Himmel *werdet*!« (Mt 5,44 f).
»Werdet« heißt es, nämlich: durch eure Taten und Gottgefälligen Werke.
Lukas hingegen, den Erwartungen seiner heidnischen Umwelt entsprechend, liefert uns eine Geburtsgeschichte, die nahelegen will, daß der Sohn Mariens keiner Verdienste und vorbildlicher Taten bedurfte, da er ja schon vom Mutterleib an ein (griechischer) Gottessohn war, was in Jesu gebürtigem Judentum schlechthin undenkbar ist.
Paulus hingegen bestätigt das Gottessohn-Verständnis seines Heilands: »Alle, die sich vom Geiste Gottes leiten lassen, die sind Söhne Gottes« (Röm 8,14).
Wie fromme Juden aller Zeiten nennt Jesus Gott: »unser Vater« (vgl. Jes 63,16); »euer Vater« (Mt 6,26); »mein Vater« (Mt 26,39); »dein Vater« (Mt 6,4) und »Abba« (Vater oder Väterchen): (Mk 14,36).
All dies beweist lediglich sein bezwingendes Gefühl der Gottesnähe und sein intensives Judesein. Denn der biblische »Sohn Gottes« ist genau so wenig der leibliche Sprößling des Weltenschöpfers, wie »ben-jamin« (1 Mose 43,29) nicht der wörtliche »Sohn der Rechten« ist – »die Söhne des Lichtes« bei Lukas (16,8) nur bildlich verstanden werden können – die beiden »Donnersöhne« (Mk 3,17) nur als poetische Beinamen gemeint waren – die beiden gesalbten Sacharias nicht die buchstäblichen »Söhne des Öls« (Sach 4,14) sind – die »Söhne des Bundes« (Apg 3,25) für Petrus lediglich Angehörige des Bundesvolkes sind, und der »Sohn des Todes« im Munde König Davids (2 Sam 12,5) nichts anderes ist als: todgeweiht, oder todeswürdig.
Die blumige Bibelsprache kennt nämlich auch den »Gottesbraus« (1 Mose 1,2), einen »Gottesmann«
(5 Mose 33,1), ein »Gotteshaus« (1 Mose 22,22), das »Auge Gottes« (Ps 33,18), den »Finger Gottes« (2 Mose 31,18), »die Hand Gottes« (Esra 7,6), den »Gottes Zorn« (4 Mose 11,9), den »Berg Gottes« (2 Sam 21,6),

das »Antlitz Gottes« (5 Mose 34,10); ja sogar »Gott erging sich im Garten« (1 Mose 3,8) und »Gottes Rückseite« (2 Mose 33,23).

All dies steht in der Hebräischen Bibel, ohne das solch naive Antropomorphismen von gläubigen Juden je anders als unzulängliche Versuche verstanden wurden, die Gottheit und ihr Wirken annähernd anzudeuten. Daher fußt das rabbinische Schriftverständnis auf dem Grundsatz: »Die Tora spricht in Menschensprache« (Sanh 56a), was unumgehbar zur Grundregel aller Bibeldeutung führt: »Wer die Schrift wörtlich auslegt, ist ein Lügner« (Kidd 49 a). Und da auch die Evangelien ursprünglich von ergriffenen Juden für ihre gottesfürchtigen Glaubensgenossen verfaßt worden sind, sollte ähnliches auch für die Kernaussagen des Neuen Testaments gelten.

Nur wer kein Ohr hat für die Überschwänglichkeit ergriffener Menschen, die mit ihrer Sprache ringen, um dem unsagbaren Gottes-Erlebnis Ausdruck zu verleihen, kann solch erhabene Poesie unter die Philologen-Lupe nehmen, um sie zur armseligen Wörtlichkeit einzuengen.

Für alle anderen, die die Schrift mit offenen Bibel-Augen zu lesen vermögen, bleibt Jesus ein wahrer »Menschensohn«, der ohne jeglichen Widerspruch sowohl ein »Zimmermannssohn«, der »Sohn Josephs« als auch »der Sohn Mariens«, genannt werden konnte, der Herkunft nach als »Nazarener« (oder: Nazoräer) galt, oft als »Rabbi« oder »Rabboni« angesprochen wurde – und nach Meinung vieler seiner Zeitgenossen wegen seiner inbrünstigen Gottesliebe das Tora-Lob »Sohn Gottes« verdiente.

Kein unbeträchtlicher Überrest, um endlich die Bergung jenes noch immer verschollenen Jesus in Angriff zu nehmen, der nicht unsere »Scheidewand«, sondern »unser Frieden« (Eph 2,14) werden sollte.

»Menschwerdung«, oder wie die Lateiner es sagen: Inkarnation, so heißt zu guterletzt der theologische Rubikon, den kein gläubiger Jude zu überschreiten gewillt ist.

Widerstrebt er doch so radikal der Grundlage des jüdischen Mono-Theismus: »Gott ist nicht ein Mensch, daß er lüge; noch ein Menschensohn, daß ihn etwas gereue« (4 Mose 23,19).
Die Idee, daß Gott aus Liebe zu Israel ein Jude geworden sei, hat schon so manchen Kabbalisten fasziniert, obwohl sie allen anderen Traditionen zuwiderläuft. Immerhin ist die Vorstellung eines Gottes, der in aufopfernder Selbsthingabe mit seinem Volk leidet, seine Drangsale teilt, und um sein Schmerzenslos Tränen vergießt, ein häufiges Motiv der rabbinischen »Theopathie«.
Es ist die Erfahrung eines paradoxalen Gottes, der groß genug ist, um sich klein zu machen; frei genug, um sich zu binden; allmächtig auch in seiner sich selbst auferlegten Ohnmacht, aber ein Gott, der ganz und gar als Mensch zur Welt kommt, leibt, lebt und stirbt, ist dem jüdischen Glaubensgut unerträglich.
Was Moses Mendelssohn im Januar 1770 an den Erbprinzen von Braunschweig-Wolffenbüttel betreffs seines Streits mit Lavater und Bonnet geschrieben hat, gilt auch heute:

». . . nach der Lehre des Neuen Testaments muß ich 1. eine Dreieinigkeit in dem göttlichen Wesen, 2. die Menschwerdung einer Gottheit, . . . und noch viele andere diesen ähnliche odes aus ihnen fließende Sätze bei Verlust meiner ewigen Seligkeit glauben. Nun kann ich zwar und will auch meine Urteilskraft keinem vernünftigen Wesen zur Richtschnur aufdrängen. Wer bin ich, elendes Geschöpf, der ich mich dieses vermessen sollte? Aber ich selbst kann die Wahrheit nicht anders als nach meiner Überzeugung annehmen, und ich gestehe, daß mir die angeführten Sätze den ersten Gründen der menschlichen Erkenntnis schnurstracks zu widersprechen scheinen. Ich kann sie meiner Überzeugung nach mit dem, was mich Vernunft und Nachdenken von dem Wesen der Gottheit und ihrer Eigenschaften gelehrt hat, nicht in Harmonie bringen, und bin also gezwungen, sie zu verwerfen.«

Nicht nur das jüdische Denken meldet Widerstand an. Auch die ältesten Schichten der (noch judenchristlichen) Jesusüberlieferung im Neuen Testament, die von ihm als Wunderheiler, Propheten, Gottesmann, Davidssohn und

Messias berichten – alles menschlich-sterbliche Interpretationen des Nazareners – wissen nichts von seiner Göttlichkeit, geschweige denn von einer Zweinaturenlehre Christi.

Im Werdegang einer immer erhabeneren Christologie jedoch, die Ihn letztlich völlig enterdete, kam es seit dem 4. Jahrhundert zur zentralen Streitfrage, die immer noch ein echtes Näherkommen verhindert:

Christen behaupten, Gott wäre in Jesus Mensch geworden, um die sündige Menschheit zu erlösen.

Juden behaupten, ein Mensch wurde zum Gott erhoben, da die Heidenwelt, an Gott-Menschen gewohnt, nur so den geistigen Zugang zur Heilsbotschaft Israels erlangen konnte.

Führt keine Brücke über diesen Abgrund?

Auf jüdischer Seite wächst die Zahl der Forscher, die in der Rückschau feststellen können, daß Gott mit Jesus war, daß er in ihm wirkte, und daß im Namen Jesu zahllose Millionen von Menschen zum Gott Israels geführt worden sind – ein bedeutsamer Fortschritt, gemessen am jüdischen Totschweigen des berühmtesten Sohn Israels: die einzige selbstbewußte Antwort, die eine wehrlose Minderheit anderthalb Jahrtausende lang auf den aggressiven Triumphalismus der Machtkirchen geben konnte.

Karl Barth schreibt in seiner »Kirchlichen Dogmatik«:

»... Gott wurde Mensch im jüdischen Fleisch. An dieser Tatsache ist nicht vorbei zu sehen, sondern sie gehört zu der konkreten Wirklichkeit Gottes und seiner Offenbarung« (KD IV/1, 181 f).

Wenn dem so sein sollte, dann wären alle Juden leibliche Verwandte Gottes, ein himmlischer Adelsbrief ohnegleichen, dessen theologische Implikationen kaum auszudenken sind. Wären dann z. B. nicht alle Christen, die sich an Juden vergriffen haben, als Gottesmörder zu erachten?

Doch auch im christlichen Lager werden Stimmen laut, die gegen eine wörtlich verstandene Inkarnation Einspruch erheben:

»Wenn Jesus zum Messias, zum Christus erhoben wird, in dem Sinn, daß er als Individuum der einzige Vermittler zwischen Gott und Menschheit ist, daß dieser eine und einzige Mensch Gott ist, dann handelt es sich um das, was in der Bibel Götzendienst genannt wird: Ein beliebiges Stück Schöpfung wird an die Stelle Gottes gesetzt.«

So meint Prof. Aarne Siirala, vom Lutherischen Weltbund (»Im Banne des Faustischen Dranges«, Lutherische Monatshefte, Mai 1978, 291).
Dietrich Bonhoeffer schreibt:

»Was heißt es, wenn der Proletarier in seiner Welt des Mißtrauens sagt: Jesus war ein guter Mensch? . . . Der Proletarier sagt nicht: Jesus ist Gott. Aber mit dem Wort von dem guten Menschen Jesus sagt er jedenfalls mehr, als wenn der Bürger sagt: Jesus ist Gott« (Gesammelte Schriften, Bd. 3, München 1966^2, 174).

Heinz Flügel von der Evangelischen Akademie in Tutzing geht einen Schritt weiter:

»Ich kann die Frage, die alte Frage frommer Skeptiker, nicht unterdrükken, ob sich die Christenheit, indem sie Jesus zum triumphierenden Christus vergottete, nicht an Jesus versündigte, indem sie ihn desinkarnierte« (Im Schatten des Babylonischen Turms, Frankfurt 1980, 17).
Flügel ist in guter Gesellschaft: »Das Christentum hat sich jeweils so angepaßt, daß es etwas blieb, woran zu glauben sich lohnte . . . Die Verfasser sind der Überzeugung, daß ein erneuter großer Schritt theologischer Weiterentwicklung . . . das Gebot der Stunde ist. Die Notwendigkeit hierfür erwächst aus der immer genaueren Kenntnis der Ursprünge des Christentums und schließt die Anerkennung der Tatsache ein, daß Jesus ein Mensch war, den Gott für eine spezielle Rolle in seinem Plan ›beglaubigt hat‹ (Apg 2,22), und daß die spätere Konzeption, nach der er der fleischgewordene Gott, die ins menschliche Leben getretene zweite Person der Trinität sei, eine mythologische oder poetische Redeweise ist, in der man Jesu Bedeutung für uns zum Ausdruck brachte. Dies anzuerkennen ist um der Wahrheit willen notwendig.«

So heißt es im gemeinsamen Vorwort eines Sammelbandes, den acht britische Theologen unlängst unter dem Titel »Wurde Gott Mensch«? veröffentlicht haben (John Hick (Hg.), Der Mythos vom fleischgewordenen Gott, Gütersloh 1979, 7 f).
Doch das Dogma von der Inkarnation ist nicht nur ein Hindernis für das christlich-jüdische Gespräch; es hat auch

praktische Konsequenzen im Blick auf das christliche Verhältnis zu allen übrigen Weltreligionen. Faßt man nämlich die Inkarnation wörtlich auf, dann liegt darin die Aussage, daß Gott ausschließlich durch Jesus verstanden und verehrt werden kann.

Das gesamte religiöse Leben der nicht-christlichen Menschheit wird dadurch abgewertet oder zumindestens implizit zum Irrweg erklärt: Denn wenn Jesus wirklich der inkarnierte Gott war, und nur durch seinen Sühnetod Menschen gerettet werden, dann ist der christliche Glaube in der Tat die einzige Tür zum ewigen Leben – und die überwiegende Mehrheit aller Erdbewohner wären demgemäß der Heillosigkeit anheim gegeben.

Ist es aber glaubwürdig, daß der liebende Gott und Vater aller Menschen beschlossen haben sollte, daß nur einem bestimmten Teil aller Adamskinder, der innerhalb einer begrenzten Epoche der Weltgeschichte und in gewissen Regionen der globalen Geographie geboren wurde, ein Anteil am Heil zugesprochen wird?

Verrät eine solche Auffassung nicht einen ausgesprochen exklusiven Heils-Chauvinismus, und stellt sie Gott nicht tatsächlich als eine Art von Stammes-Gottheit des christlichen Abendlandes dar?

Ob es nun der ewige Hunger des Herzens nach einer Greifbarmachung Gottes war, oder ob der Mensch (unwissentlich) Gott in seinem Ebenbilde schuf, wie die A-Theisten behaupten; ob es der Protest gegen den fernen, gebieterischen Gott war, der die Sehnsucht nach dem brüderlichen Gott als Mitmenschen zur Inkarnationslehre heranreifen ließ – all dies sind Denkanstöße, die nicht mehr als spekulativen Wert beanspruchen dürfen.

Wie dem auch sei: Jesus als Inkarnation jüdischer Hoffnungskraft und Glaubensstärke wäre eine tragbare Vorstellung; Jesus als buchstäbliche Inkarnation Gottes mitnichten. Hier werden Juden unschwer Johann Wolfgang Goethe beipflichten, der im »Westöstlichen Diwan« schrieb:

»Jesus fühlte rein und dachte
nur den Einen Gott im stillen;
wer ihn selbst zum Gotte machte,
kränkte seinen heil'gen Willen.«

Glücklicherweise müssen wir heute den buchstäblichen Text der alten Bekenntnisformeln der Frühkirche nicht mehr beim Wort nehmen, sondern dürfen nach seiner bildhaften Aussageintention fragen. So schrumpft der Abgrund zwischen den beiden Stellungnahmen allmählich im Sinn von Helmut Gollwitzer, der für viele seiner Glaubensgenossen zu sprechen scheint, wenn er schreibt:

»Bei der Inkarnationslehre geht es nicht um Kreaturvergötterung, sondern um den Lobpreis des Bundes-Gottes, der zu seinem Bunde bis zur letzten Konsequenz steht. Es geht nicht um physische Abkunft . . . auch nicht um physische Identität von Gott und Mensch . . . wohl aber um jene geschichtliche, dynamische und geheimnisvolle Identifikation. Solidarisch ist der Bundes-Gott mit seinem vom Todesgerichte bedrohtem Volke, so solidarisch, daß er sich ganz mit ihm identifiziert« (Das Judentum als Problem der christlichen Theologie, in: Treue zur Tora, Berlin 1977, 171 f).

Ein solches Inkarnationsverständnis wäre eine vielversprechende Grundlage für einen neuen Dialog über die höchste Scheidewand, die Juden und Christen bis heute voneinander trennt.
Eine Fußnote zur Menschwerdung sei mir gestattet: An der Wand meines Arbeitszimmers hängt ein alter katholischer Kalender, der unter dem Datum des 1. Januars die kleingedruckten roten Worte trägt: Circumcisio Domini – die Beschneidung des Herrn.
»Am achten Tage ist jedes Knaben Vorhaut zu beschneiden«, so befiehlt die Tora (3 Mose 12,3), der auch Joseph damals als Bibel-treuer Vater nachkam:
»Und als acht Tage bis zu seiner Beschneidung vollendet waren, wurde ihm der Name Jesus gegeben« (Lk 2,21), womit die christliche Zeitrechnung beginnt. Das Jahr der Christenheit nimmt seinen Anfang also nicht mit der »Menschwerdung« Jesu an seinem Geburtstag zu Weih-

nachten, sondern, jüdischem Brauchtum folgend, acht Tage später, mit seiner »Judewerdung«, als der Säugling in den Bund Abrahams aufgenommen wurde. So verschüttet – und so tief – sind die jüdischen Wurzeln dieses Christentums. Und so habe auch ich am Neujahrstag Grund zum Feiern. An diesem Tage trat der Stifter der Kirche unwiderruflich in den »Ewigen Bund« (1 Mose 17,13) des Judentums ein, dem er zeitlebens mit Leib und Seele angehört hat.

Jungfrauengeburt, Gottessohnschaft und Menschwerdung sind im Grunde nur die sekundären Auswirkungen der ursprünglichen Streitfrage um die Identität Jesu, die einst Juden von Judenchristen, dann aber Kirche und Judentum voneinander getrennt hat und die beiden bis heute entfremdet.

»Und sie gebar ihren erstgeborenen Sohn, den sie in Windeln wickelte« (Lk 2,7), so heißt es von seiner armseligen Geburt.

»Jesus aber stieß einen lauten Schrei aus und verschied« (Mk 15,37), so heißt es von seinem tragischen Tod. Zwischen diesem A und O müssen wir den Menschen suchen, der weder in den Himmel noch in die Hölle gehört, sondern auf diese Erde, der all sein Leben und Streben galt.

»Wer ist er?« (Mk 4,41), ist noch immer eine offene Frage, die viele Christen und manche Juden bis heute beschäftigt. In unserer Suche nach einer verläßlichen Antwort, können wir vorerst ohne Zögern Ernst Bloch beipflichten, der alles Gerede über die Ungeschichtlichkeit des Nazareners entkräftet:

»Der Stall, der Zimmermannssohn, der Schwärmer unter kleinen Leuten, der Galgen am Ende – das ist aus geschichtlichen Stoff, nicht aus dem goldenen, den die Sage liebt« (Prinzip Hoffnung, Frankfurt 1959, Bd. III, 1482).

Hiermit hört jedoch der als gesichert geltende Tatbestand auf. Denn wer sich als Jude ernsthaft mit der Gestalt des

Nazareners befaßt, wird auf Anhieb bereits durch die unerschöpfliche Vielfalt der christlichen Christusbilder verwirrt. Da ist der jugendliche Hirte der altkirchlichen Katakombenkunst, daneben das zarte Christkind in der Weihnachtskrippe, der siegreiche Kaiser – Gott der byzantinischen Mosaiken, gefolgt vom Weltenrichter auf den Portalen der großen Kathedralen und gleich danach: der sentimentale Menschenfischer des Spätbarocks, der realistische Schmerzensmann in Dürers Gemälden, der am Kreuz thronende Christkönig der spanischen Hofmaler, der aufklärerische Popular-Jesus der Salonportraits, aber auch der sanfte Heiland auf tausenden von Marterln an allen Kreuzwegen Europas.

Der endlosen Galerie von Christusdarstellungen entspricht der nicht weniger farbenprächtige Regenbogen von religiösen Christusvorstellungen. Jesus, der Gottessohn, der Menschensohn, der Davidssohn, der Sohn Josephs und der Sohn Abrahams – um nur die hauptsächlichen Spiegelungen zu nennen, die bereits das Neue Testament zu einem Sammelband von Christusbeschreibungen machen. Nicht weniger atemberaubend sind dann die unzähligen Theologien, die die Kirchenväter auf dem Sockel der vierfachen Frohbotschaft aufgebaut haben:

Der Gottmensch der Zwei-Naturenlehre, die zweite Person in der heiligen Dreifaltigkeit, der Befreier vom Joch des Gesetzes, das Heil der Heillosen, der universale Sündenvergeber, der selbstlose »Der-für-uns-alle-starb«, der Anfang der Endzeit, das Fleisch-gewordene Gotteswort, oder der seltsam einseitige Jesus der 27 gewichtigsten Ketzerbewegungen, die zwar untereinander sehr gegensätzlich sind, aber ihren Gläubigen so gut wie alles versprechen, was fromme Wünsche erwarten.

Wer sich dann noch in das Dickicht der modernen Theologie hinein wagt, weiß bald nicht mehr, worüber er mehr staunen soll: über die Unüberschaubarkeit der Christusdeutungen oder über die Gewißheit, mit der die künftigen Gotteskundler Bescheid darüber wissen, was Jesus wollte,

beabsichtigte, vollbrachte, und wo genau er im Himmel thront.
»Ist denn Christus zerteilt?« (1 Kor 1,13), so fragte einst Paulus die Korinther – worauf die Theologen und Literaten, die Jesus-Schwärmer und Jesus-Gammler einstimmig mit Ja zu antworten scheinen. Hier kann auch der liberalste Jude nicht mehr mitmachen; denn unverzichtbar für alle jüdische Gläubigkeit ist die Voraussetzung, daß nichts in der Theologie stimmen kann, was nicht auch im Historischen einen guten Sinn hat, der dem gesunden Menschenverstand einzuleuchten vermag.
So lauten also die ersten Fragen, die sich jedem aufgeschlossenen Forscher aufdrängen: Was hat der Eine mit den Vielen gemeinsam? Welches der unzähligen Christusbilder ähnelt dem Mann aus Galiläa, der einst auf dieser Erde zu Hause war? Gibt es überhaupt ein Christusbild, das mit dem irdischen Nazarener zumindestens in seinen wesentlichen Zügen verwandt ist? Oder ist es die Größe der Jesusgestalt, die sie im Laufe der christlichen Glaubensgeschichte zum Kristallisationspunkt von tausend Hoffnungen, Idealen und Wunschbildern werden ließ?

Wie dem auch sei, die Vielzahl der Jesusbilder zeugt sowohl von der Mannigfaltigkeit der Gemüter, die er schon zu Lebzeiten beeindrucken konnte, als auch von der Tiefe der Betroffenheit, die er im Herzen seiner Jünger hinterließ. Daß diese Betroffenheit bald weltweite Wellen schlug, daß in seinem Namen unzählige Menschen zum Gott Israels geführt worden sind, daß dank ihm die Kernbotschaft vom Sinai in die Völkerwelt hineingetragen worden ist, das sind historische Tatsachen, die keine der offensichtlichen Unterschiedlichkeiten und Weiterentfaltungen in der späteren Kirchen-Theologie zu verdrängen oder verwischen vermag.
Hierzu gesellt sich ein anderer zukunftsträchtiger Faktor. Wer heute als gläubiger Jude mit christlichen Theologen, Priestern und Pastoren diskutiert, kann kaum umhin, fest-

zustellen, wie es in allen Kirchen gärt und geistig brodelt. Diese vielschichtige, heilsame Unruhe kann großteils auf einen wachsenden Trend der Enthellenisierung zurückgeführt werden, der bestrebt ist, viele der Denkstrukturen der griechischen und römischen Kirchenväter abzubauen, um den Weg freizulegen, zurück zum Glaubensgut jenes galiläischen »Rabbi«, wie ihn die Evangelisten über ein Dutzendmal nennen, der einzig und allein an den Gott Abrahams, Isaaks und Jakobs geglaubt hat, *nicht* an den Gott der Philosophen. Auch hier, in diesem gläubigen Sturm und Drang, der häufig wie eine Rückhebraisierung christlicher Glaubensweisen anmutet, haben wir es mit der Ausstrahlungskraft des Nazareners zu tun, die über Jahrtausende, über Kontinente und alle Sprachbarrieren hinweg weiter wirkt und Gottes Sache fördert.

Daß all diese Glaubensverbreitung ihren Ausgang von einem jüdischen Wanderprediger nimmt, ist wohl ein größeres Wunder, als wenn es das unmittelbare Werk eines trinitarischen Gottessohnes oder eines fleischgewordenen Gottes wäre. Und warum auch nicht? Kann denn der Herr alles Lebens, dessen Wundertaten die Erde füllen, nicht einen frommen Juden zum Heiland der Heiden berufen? Wenn der Perserkönig Kyros »der Gesalbte des Herrn« genannt wird (Jes 45,1), da er als Werkzeug Gottes die Rückkehr der Juden in ihre Bibelheimat ermöglichte, warum kann ein Rabbi aus Nazareth nicht zum Erlöser der Völkerwelt berufen werden? Als Erlöser vom Götzendienst und aus Glaubensnot, auf daß er diejenigen, »die keine Hoffnung hatten und ohne Gott waren« (Eph 2,12), »zu Gott führe« (1 Petr 3,18), damit sie »durch ihn an Gott glauben« (1 Petr 1,21).

»Siehe, ich bin der Gott alles Fleisches«, kündet uns der Schöpfer, »sollte mir etwas unmöglich sein?« (Jer 32,27).

Wenn seine Identität noch immer umstritten bleibt, so ist seine Wirkungsgeschichte über jeden Zweifel erhaben. Denn wer die messianische Hoffnung, die Gebote und das

Bibelethos »bis an die vier Enden der Welt« und »an die fernsten Inseln« getragen hat und trägt, wer ganze Weltteile zum einen Gott bekehren konnte und so den prophetischen Missionsauftrag an Israel »ein Licht für die Völkerwelt zu werden«, einer Erfüllung näher bringt, der kann mit Fug und Recht, wie Maimonides sagte, »ein Wegbereiter des Messias« genannt werden.

Anders gesagt: Wenn wir das Zum-Glauben-Kommen aller Welt im Sinne der Weissagung des Zephania (3,9) als Vorbedingung zum Anbruch der vollen Erlösung erwarten, so ist die Christianisierung von einer Milliarde Menschen ein bedeutsamer, wenn nicht unverzichtbarer Schritt vorwärts, auf die Heilszeit hin.

Hierzu gesellt sich ein dritter Faktor, der uns alle angeht: Nach der großen »Gottesfinsternis« des Holocaust, als die Unmenschlichkeit ungeahnte Tiefen erreichen konnte, sehnt sich die Menschheit, vielleicht wie noch nie zuvor, nach einer wahrhaften Menschwerdung der Adamskinder, die kaum erst begonnen hat. Eine Humanisierung, die weder nach Rechtgläubigkeit noch nach den Erfolgen im Sog des Leistungszwanges fragt, sondern letztlich den Ausbruch sucht aus dem Gefängnis der eigenen Haut; den Durchbruch zum Mitmenschen hin, der unter Gott dein Bruder ist. Dieser Drang fußt auf der Einsicht, daß der eigentliche Feind des Menschen nicht sein Gegner ist, sondern sein eigenes, zügelloses Ich, dessen Egoismus kein Du erkennt, sondern nur lebloses, liebloses Es. Ein geistiger Massenmord, der alle lebendige Umwelt vergegenständlicht und zum Objekt der eigenen Nutznießung reduziert. Um aus diesem Teufelskreis der Ich-Verkrampfung auszubrechen, bedarf es weder eines übermenschlichen Gottessohnes noch einer inkarnierten Gottheit, wohl aber eines vorbildlichen, begnadeten Menschenbruders, der so ist wie Du, um Dir ein beispielhaftes Menschsein vorzuleben – nicht »auf den Wolken des Himmels«, noch »sitzend zur Rechten des Vaters«, sondern hier auf dieser Gott geschaffenen Erde, die unsere gemeinsame Heimat ist.

Einer, dessen Fleisch schwach ist wie das unsere (Mt 26,41), und der vor lauter Angst Blut schwitzen muß (Lk 22,44), der sich irren kann (Mk 9,1 und 13,30) und Hunger leidet, der predigt und ausgelacht wird (Mk 5,39), der weinen kann, wutentbrannt aufschreien und in Erschütterung seufzt, – der aber dennoch den Mut aufbringt, auf die Kainsfrage: »Bin ich der Hüter meines Bruders?« mit lautem Ja zu antworten. Einer, der bereit ist, sein Leben für seine Brüder hinzugeben, so daß er noch vor dem Ende sagen kann: Von denen, die Du mir gegeben hast, habe ich keinen verloren (Jo 17,12). Einer, der es fertigbringt, noch am Kreuz der Todesqualen weiter zu hoffen und zu glauben, bis zum letzten Atemzug.
Pilatus hat recht gehabt: »Ecce homo! Sehet, welch ein Mensch!« (Joh 19,5). Einer, der es wagt, trotz Krieg und Tyrannei die biblische Nächstenliebe bis in ihre letzte Konsequenz durchzuglauben, um uns allen ein Idealbild vom möglichen Menschentum in die Seele zu brennen, das keinen mehr zufrieden sein läßt mit dem fadenscheinigen Durchschnittsmenschen, der unsereiner ist, aber nicht sein muß. Und da Jesus keine persönliche Verehrung wünschte und sich wiederholt jeder übermenschlichen Würdigung widersetzt hat, kommt es in der heutigen Theologie zu einer noch zaghaften Akzentverschiebung vom himmlischen Christus, von dem wir alle nichts wissen können, hin zum irdischen Heilsverkünder, der uns nachweislich den Adel der menschlichen Gottes-Ebenbildlichkeit vorgelebt, vorgeliebt, vorgelitten, und zuletzt auch vorgestorben hat.
In seinem vollkommenen Ernstnehmen Gottes, das ihn mit heiliger Ungeduld gegenüber allen Halbheiten erfüllt, in seinem Mut zur Selbstüberforderung, in seiner heilsdurstigen Unzufriedenheit mit jedwedem Status-quo, die stets nach Oben und nach Vorwärts drängt, war Jesus »der zentrale Jude«, wie Martin Buber ihn nennt, der uns alle zur Nachahmung anspornt.
Ein messianischer Wegbereiter, dessen Rolle im Heilsplan

Gottes in der Rückschau offensichtlich wird, ein Glaubensförderer, der über Tod und Grab hinweg zur unsterblichen Hoffnung ruft, eine Leuchte Israels, die »zum Licht der Heiden wurde« (Jes 49,6) – wie sollen wir ihn verstehen?

Kann man ihn in die uns bekannten Glaubenskategorien einordnen? Kaum. Wie verhält sich dann seine jüdische Uneinreihbarkeit zur einzigartigen Zentralität seiner Heilsrolle in der Kirche?

Das sind gewaltige Fragen, denen man sich nur behutsam und einfühlsam nähertasten darf. Was ich zu sagen vermag, sind daher nur stückweise Annäherungen, die als Bausteine zum Brückenschlag gemeint sind. Nicht mehr.

Mit Jesus glaube ich an Gott und seine unerschöpfliche Gnadenliebe. Jesus glaube ich seine Gott-Ergriffenheit, die der Schlüssel zu seiner Lehre ist. Ob ich wie Jesus zu glauben vermag, unerschütterlich und felsenfest, bezweifle ich mit Bedauern. Ihm kann ich Glauben schenken, als »einem Gerechten« (1 Petr 3,18), als »Vorbild« (1 Petr 2,21), als »Lehrer« (Joh 3,2), als einem »Ebenbild Gottes« (2 Kor 4,4), als »Gottesknecht« (Apg 3,13), der »in allem den Brüdern gleich werden mußte« (Hebr 2,17), als »Mensch« (1 Tim 2,5) und »Menschensohn« (Mt 17,12), der »von einem Weib geboren« und »unter die Tora getan wurde« (Gal 4,4), um »ein Diener der Beschneidung zu werden« und die »den Vätern gegebene Verheißung zu bestätigen« (Röm 15,8).

Kurzum, er war ein Mann Gottes, der in der unsichtbaren Gegenwart Gottes wirkte, und dessen Leben eine ständige Antwort war auf die göttliche Liebe, die sich sowohl als unendlich barmherzig, als auch unendlich fordernd erweist. Daß er einzigartig war, sowohl als Jude als auch als Mensch, ist unbezweifelbar. Ob er Gott näherstand als Abraham, Moses oder David, das weiß ich nicht. Ob es eine theologische Meßschnur gibt, um überhaupt solche Vergleiche anzustellen, muß ich allen Ernstes bezweifeln. Obwohl es schon im vorchristlichen Judentum etliche Fälle von Gott-erwirkten Wiederbelebungen gab, ist auch die Wirkungsgeschichte der Auferweckung Jesu von den Toten einzigartig. Historisch faßbar oder rational beweisbar is sie nicht. Ebenso wenig kann ich die späteren Ausschmückungen, die ihr die Evangelisten angedeihen ließen, noch ihre paulinische Deutung akzeptieren. Wenn aber jene geschlagene und zermürbte Jüngerschar, die nach der Kreuzigung ihres Meisters drauf und dran war, seine Sache zusammen mit ihm zu Grabe zu tragen, sich über Nacht in eine heilsbewußte Glaubensbewegung verwandeln konnte – ohne ein durchschlagendes Glaubenserlebnis – so wäre das im Grunde ein weit größeres Wunder als die Auferstehung selbst.

Daß dieses jüdische Glaubenserlebnis zur Geburtsurkunde der weltweiten Kirche geworden ist, steht ebenso fest wie die Tatsache, daß alle Theorien, wie etwa Scheintod, Autosuggestion, Jüngerbetrug oder Grabverwechslung, die diese Auferweckung wegzuerklären bestrebt sind, mehr Probleme schaffen, als sie lösen können.

Aus rabbinischer Sicht ist jene undefinierbare Ostererfahrung in Jerusalem im Grunde ein messianischer Midrasch der ersten Jesusgemeinde, der aus der Zuversicht auf Gottes liebende Gerechtigkeit und aus dem Glauben an Jesus als dem von Gott gesandten Heilskünder entsproß. Aus der Talsohle der Verzweiflung heraus gelang es jener Jüngerschar, sich zu der beglückenden Einsicht durchzuringen, die ihnen dazu verhalf, den Tod als Übergang, das Kreuz als Prüfstein und die Auferweckung als Angeld auf das ewige Leben auszulegen. Nicht als die Erlösung – denn dem widersprach ja die offensichtliche Notlage ihres Volkes, wohl aber als Gott-gewolltes Mutmachen, als Fingerzeig zum Durchhalten, als himmlisches Faustpfand für die Erlösung, die wir alle noch immer erwarten.

Daß Jesus der Messias war, kann ich mit bestem Willen nicht glauben; denn »Messias« ist eine hebräische Vokabel, deren Quintessenz: Erlöser besagt. Ein Messias, der nicht auf dem öffentlichen Schauplatz der Weltgeschichte die wahrnehmbare Erlösung von Leid und Krieg, von Not und Haß bringt, wäre daher ein unglaubwürdiger Selbstwiderspruch. Jesus aber war in seinen (echten) Taten und Worten vor allem lebensnah, Gott-erfüllt und glaubwürdig. Gegen seine Sendung als Messias spricht auch die gesamte Wirklichkeit, die uns umgibt. Denn wenn unsere verängstigte, zerstrittene Welt in einer nachmessianischen Zeit leben sollte, dann ist unser Hoffen eitel und vergeblich all unsere Zuversicht.

Doch Jesus, als Jeschua, heißt nicht nur: Gott ist Hilfe. Der Name kann auch »Er wird erlösen« bedeuten, mit all dem zukunftsträchtigen Klang, der auch in der Parusieerwartung zum Ausdruck kommt. Für diese Parusie des Messias, die auf griechisch »Ankunft« heißt, dürfen wir gemeinsam beten; sie können wir gemeinsam beschleunigen (1 Petr 3,12), indem wir mit vereinten Kräften den »Willen des Vaters tun«, ganz im Sinne Jesu und der Propheten, bis uns Gott Gewißheit und Erlösung schenkt.

Inzwischen aber, »bis er kommt« (1 Kor 11,25), laßt uns nicht mehr streiten über unlösbare Fragen, die jenseits aller Wissenschaft zur Erkenntnis des Herzens gehören. Denn was Jesus seit jenem Ostererlebnis in Jersualem für gläubige Judenchristen zuerst und später für die Heidenkirche geworden ist, das bleibt ein unantastbares Monopol des Glaubens, das zum Mysterium der Kirche gehört.

Ich weiß es nicht – das ist die einzige ehrliche Antwort, die Juden auf die christologischen Grundfragen der Kirche geben können. Kein vorschneller Versuch, in rein rationaler Weise das Mysterium zu lüften, wird hier der Wahrheit dienlich sein.

Etwas anderes weiß ich jedoch mit Sicherheit:

Noch nie zuvor war das Glaubensgespräch zwischen Christen und Juden so ehrlich und so unbefangen wie in unseren Tagen.

Noch nie zuvor war das gemeinsame Fragen nach der Wahrheit Gottes so brüderlich und aufgeschlossen.
Noch nie zuvor sind christliche und jüdische Jesusbilder einander so nahe gekommen wie heutzutage, seit dem Auseinandergehen der Wege vor fast zwei Jahrtausenden. Sollte es auch hier um Jesuanisches Wirken gehen?
Wenn der Oberste Gerichtshof des Staates Israel am 15. März 1979 entscheiden konnte, daß ein Jude, der an Jesus als den jüdischen Messias glaubt (nicht an seine Göttlichkeit, noch an die Trinität), als Jude im Sinne des Rückkehrergesetzes zu erachten ist; wenn ein Forscher wie David Flusser von der »Möglichkeit, eine jüdische Christologie zu schreiben«, spricht (Vorwort zu Clemens Thoma: Christliche Theologie des Judentums, 1978, 27); wenn Rabbiner Zalman Schachter, Professor für jüdische Mystik an der amerikanischen Temple University, die Logos-Lehre des Johannesevangeliums als »die bedeutsamere Christologie« für den jüdisch-christlichen Dialog empfiehlt (Journal of Ecumenical Studies, Philadelphia, Sommer 1977, 456), so mögen diese Tatsachen als Zeichen einer jüdischen Neubewertung Jesu oder einer neuen Offenheit zum Christentum hin zu erachten sein. In beiden Fällen ist sie zu begrüßen.
Ja, nachdem zahllose Christen jahrhundertelang im Namen Jesu »Jammer, Blut und Mord über Israel gebracht haben«, wie Helmut Gollwitzer mit Recht betont, ist dieses ökumenische Sich-Öffnen auf jüdischer Seite fast ein Wunder.
Nicht geringer als das eigentliche Weihnachtswunder, das den Sieg der Ohnmacht des Flüchtlingskindes über die Großmacht der Gewaltherrschaft vorausdeutet.
Denn die Moral von der Geburtsgeschichte liegt hier auf der Hand. Sowohl der Heidenkaiser als auch der Judenknabe wurden Heiland, Gottessohn und Friedensbringer benannt. Aber der echte Held, der wahre Mann Gottes sitzt nicht auf einem goldenem Thron, sondern liegt hilflos in einem ärmlichen Futtertrog. Daß Gottes Wille in der

Demut ist, daß er, der Herr der Welt, bei den Bedrückten und Zerknirschten wohnt, daß der Weg der Niedrigkeit zum Himmelreich führt, das ist die dreifach revolutionäre Stoßkraft dieser jüdischen Frohbotschaft, die noch immer nicht aufgehört hat, Machthaber in Frage zu stellen und kleinen Leuten Mut einzuflößen. Wie das Exodusereignis hat auch sie eine Bresche geschlagen in die Zwingburgen aller Tyrannei, einen Ausweg geöffnet für alles menschliche Elend, und sie bleibt bis heute eine unüberhörbare Herausforderung an die Gewalt.

Weder Enttäuschung über die unerlöste Welt noch Jubel über die Erfüllung biblischer Verheißungen ist der tiefste Sinn dieser jüdisch-christlichen Geburtsgeschichte, sondern ein Angeld von Oben zum Ausharren und Weiterhoffen; denn »die Weisagung wird ja noch erfüllt werden, zu ihrer Zeit, und wird endlich frei an den Tag kommen und nicht trügen. Wenn sie sich auch hinzieht, so harre ihrer; sie wird gewiß kommen und nicht verspäten« (Hab 2,3).

Mit diesem gemeinsamen Ja des Glaubens läßt sich getrost christlich-jüdischer Dialog vorantreiben, der ein enormes Nachholbedürfnis zu bewältigen hat. Achtzehnhundert Jahre Gesprächslosigkeit haben ja nicht nur riesige Schutthalden von polemischem Geröll und gegenseitigen Mißverständnissen aufgehäuft, sondern auch viel Ungesagtes aufgestaut, das dialogisch erörtert werden will.

»So kommt denn und laßt uns miteinander reden!« (Jes 1,18).

KAISER TASCHENBÜCHER

1 Helmut Gollwitzer, Gebete, 91 Seiten, kart. ISBN 3-459-01670-1 (Originalausgabe)

2 Gerhard von Rad, Theologie des Alten Testaments, Bd. 1: Die Theologie der geschichtlichen Überlieferungen Israels, 512 Seiten, kart. ISBN 3-459-01673-6

3 Gerhard von Rad, Theologie des Alten Testaments, Bd. 2: Die Theologie der prophetischen Überlieferungen Israels, 474 Seiten, kart. ISBN 3-459-01674-4

4 Erasmus von Rotterdam, „Süß scheint der Krieg den Unerfahrenen", übersetzt, kommentiert und herausgegeben von Brigitte Hannemann, 202 Seiten, kart. ISBN 3-459-01669-8 (Originalausgabe)

5 Gerty Spies, Im Staube gefunden. Gedichte, 96 Seiten, kart. ISBN 3-459-01668-X (Originalausgabe)

6 Karl Ernst Nipkow, Erwachsenwerden ohne Gott? Gotteserfahrung im Lebenslauf, 115 Seiten, kart. ISBN 3-459-01672-8 (Originalausgabe)

7 Manfred Josuttis, Der Kampf des Glaubens im Zeitalter der Lebensgefahr, 192 Seiten, kart. ISBN 3-459-01671-X (Originalausgabe)

8 Helmut Gollwitzer, Das hohe Lied der Liebe, 62 Seiten, kart. ISBN 3-459-01675-2

9 Hans Frör, Ich will von Gott erzählen wie von einem Menschen, den ich liebe, 76 Seiten, kart. ISBN 3-459-01676-0

10 Dietrich Bonhoeffer, Nachfolge, 315 Seiten, kart. ISBN 3-459-01677-9

11 Dietrich Bonhoeffer, Lesebuch, hg. von Otto Dudzus, 181 Seiten, kart. ISBN 3-459-01693-0

12 rudolf bohren, heimatkunst, 157 Seiten, kart. ISBN 3-459-01700-7 (Originalausgabe)

13 Hans Frör, Spiel und Wechselspiel. Kommunikationsspiele für Gruppen – Material und Methodik, 176 Seiten, kart. ISBN 3-459-01695-7

14 Helmut Gollwitzer, Ich frage nach dem Sinn des Lebens, 80 Seiten, kart. ISBN 3-459-01696-5

15 Helmut Harsch, Alkoholismus. Schritte zur Hilfe, 164 Seiten, kart. ISBN 3-459-01697-3

16 Jürgen Moltmann, Der gekreuzigte Gott, 320 Seiten, kart. ISBN 3-459-01698-1

17 Dietrich Bonhoeffer, Von guten Mächten, 83 Seiten, kart. ISBN 3-459-01694-9

18 Michael von Brück, Einheit der Wirklichkeit. Gott, Gotteserfahrung und Meditation im hinduistisch-christlichen Dialog, 409 Seiten, kart. ISBN 3-459-01699-X

19 Walter J. Hollenweger, Konflikt in Korinth. Memoiren eines alten Mannes, 93 Seiten, kart. ISBN 3-459-01719-8

20 Manfred Josuttis, Der Pfarrer ist anders. Aspekte einer zeitgenössischen Pastoraltheologie, 232 Seiten, kart. ISBN 3-459-01720-1

KAISER TASCHENBÜCHER

21 Eberhard und Renate Bethge (Hg.), Letzte Briefe im Widerstand. Aus dem Kreis der Familie Bonhoeffer, 135 Seiten, kart. ISBN 3-459-01718-X

22 Wolfgang Huber/Heinz E. Tödt, Menschenrechte. Perspektiven einer menschlichen Welt, 244 Seiten, kart. ISBN 3-459-01721-X

23 Wolfgang Huber, Kirche, 240 Seiten, kart. ISBN 3-459-01722-8

24 Gustav W. Heinemann, Es gibt schwierige Vaterländer ... Aufsätze und Reden 1919–1969, hg. von Helmut Lindemann, 395 Seiten, kart. ISBN 3-459-01723-6

25 Manfred Josuttis, Praxis des Evangeliums zwischen Politik und Religion. Grundprobleme der Praktischen Theologie, 272 Seiten, kart. ISBN 3-459-01732-5

26 Jürgen Moltmann (Hg.), Friedenstheologie – Befreiungstheologie. Analysen – Berichte – Meditationen, 148 Seiten, kart. ISBN 3-459-01728-7 (Originalausgabe)

27 Michael Trowitzsch, Die bunte Gnade Gottes. Von der Einbildungskraft des Glaubens, 140 Seiten, kart. ISBN 3-459-01726-0 (Originalausgabe)

28 Hans Joachim Iwand, Frieden mit dem Osten. Texte 1933–1959, hg. von Gerard C. den Hertog unter Mitarbeit von Klaus Geyer, Jürgen Seim und Dieter Schellong, 280 Seiten, kart. ISBN 3-459-01727-9 (Originalausgabe)

29 Leonore Siegele-Wenschkewitz (Hg.), Verdrängte Vergangenheit, die uns bedrängt. Feministische Theologie in der Verantwortung für die Geschichte, 280 Seiten, kart. ISBN 3-459-01730-9 (Originalausgabe)

30 Luise und Willy Schottroff, Die Macht der Auferstehung. Sozialgeschichtliche Bibelauslegungen, 132 Seiten, kart. ISBN 3-459-01725-2 (Originalausgabe)

31 Waldemar Pisarski, Anders trauern – anders leben, 114 Seiten, kart. ISBN 3-459-01733-3

32 Reiner Strunk, Nachfolge Christi. Erinnerung an eine evangelische Provokation, 263 Seiten, kart. ISBN 3-459-01731-7

33 Hans-Christoph Piper, Kranksein. Erleben und Lernen, 72 Seiten, kart. ISBN 3-459-01729-5

34 Dietrich Bonhoeffer, Ethik, 412 Seiten, kart. ISBN 3-459-01724-4

35 Gerd Theißen, Soziologie der Jesusbewegung. Ein Beitrag zur Entstehungsgeschichte des Urchristentums, 112 Seiten, kart. ISBN 3-459-01765-1

36 Gerd Theißen, Argumente für einen kritischen Glauben. Oder: Was hält der Religionskritik stand?, 128 Seiten, kart. ISBN 3-459-01766-X

37 N. Peter Levinson, Dem Andenken der Gerechten. Nachrufe, 110 Seiten, kart. ISBN 3-459-01767-8 (Originalausgabe)

KAISER TASCHENBÜCHER

38 Dietrich Ritschl, Zur Logik der Theologie. Kurze Darstellung der Zusammenhänge theologischer Grundgedanken, 368 Seiten, kart. ISBN 3-459-01768-6

39 Helmut Breit, Wenn uns ein Licht aufgeht. Kalenderblätter im Dezember, 120 Seiten, kart. ISBN 3-459-01769-4

40 Helmut Gollwitzer / Pinchas Lapide, Ein Flüchtlingskind. Auslegungen zu Lukas 2, 100 Seiten, kart. ISBN 3-459-01770-8

41 Dietrich Bonhoeffer, Gemeinsames Leben, 124 Seiten, kart. ISBN 3-459-01771-6

42 Helmut Gollwitzer, Dennoch bleibe ich stets an dir . . . Predigten aus dem Kirchenkampf 1937–1940, hg. von Joachim Hoppe, Ausgewählte Werke Bd. 1, 208 Seiten, kart. ISBN 3-459-01772-4 (Originalausgabe)

43 Helmut Gollwitzer, Die Existenz Gottes im Bekenntnis des Glaubens, hg. von Peter Winzeler, Ausgewählte Werke Bd. 2, 208 Seiten, kart. ISBN 3-459-01773-2

44 Helmut Gollwitzer, Mensch, du bist gefragt. Reflexionen zur Gotteslehre, hg. von Peter Winzeler, Ausgewählte Werke Bd. 3, 336 Seiten, kart. ISBN 3-459-01774-0 (Originalausgabe)

45 Helmut Gollwitzer, . . . daß Gerechtigkeit und Friede sich küssen. Aufsätze zur politischen Ethik Bd. 1, hg. von Andreas Pangritz, Ausgewählte Werke Bd. 4, 256 Seiten, kart. ISBN 3-459-01775-9 (Originalausgabe)

46 Helmut Gollwitzer, . . . daß Gerechtigkeit und Friede sich küssen. Aufsätze zur politischen Ethik Bd. 2, hg. von Andreas Pangritz, Ausgewählte Werke Bd. 5, 400 Seiten, kart. ISBN 3-459-01776-7 (Originalausgabe)

47 Helmut Gollwitzer, Umkehr und Revolution. Aufsätze zu christlichem Glauben und Marxismus Bd. 1, hg. von Christian Keller, Ausgewählte Werke Bd. 6, 288 Seiten, kart. ISBN 3-459-01777-5 (Originalausgabe)

48 Helmut Gollwitzer, Umkehr und Revolution. Aufsätze zu christlichem Glauben und Marxismus Bd. 2, hg. von Christian Keller, Ausgewählte Werke Bd. 7, 288 Seiten, kart. ISBN 3-459-01778-3 (Originalausgabe)

49 Helmut Gollwitzer, Auch das Denken darf dienen. Aufsätze zu Theologie und Geistesgeschichte Bd. 1, hg. von Friedrich-Wilhelm Marquardt, Ausgewählte Werke Bd. 8, 432 Seiten, kart. ISBN 3-459-01779-1 (Originalausgabe)

50 Helmut Gollwitzer, Auch das Denken darf dienen. Aufsätze zu Theologie und Geistesgeschichte Bd. 2, hg. von Friedrich-Wilhelm Marquardt, Ausgewählte Werke Bd. 9, 288 Seiten, kart. ISBN 3-459-01780-5 (Originalausgabe)

51 Bibliographie Helmut Gollwitzer, hg. von Christa Haehn, mit einem Essay „Helmut Gollwitzer. Weg und Werk“ von Friedrich-Wilhelm Marquardt, Ausgewählte Werke Bd. 10, 176 Seiten, kart. ISBN 3-459-01781-3 (Originalausgabe)